Thomas Schirrmacher

Menschenhandel
Die Rückkehr der Sklaverei

Thomas Schirrmacher

Menschenhandel
Die Rückkehr der Sklaverei

SCM Hänssler

SCM

Stiftung Christliche Medien

Dieses Werk einschließlich aller seiner Teile ist urheberrechtlich geschützt. Jede Verwendung außerhalb der engen Grenzen des Urheberrechtsgesetzes ist ohne vorherige schriftliche Einwilligung des Verlages unzulässig und strafbar. Das gilt insbesondere für Vervielfältigungen, Übersetzungen und die Einspeicherung und Verarbeitung in elektronischen Systemen.

2. Auflage 2012

© der deutschen Ausgabe 2011
SCM Hänssler im SCM-Verlag GmbH & Co. KG · 71088 Holzgerlingen
Internet: www.scm-haenssler.de; E-Mail: info@scm-haenssler.de

Umschlaggestaltung: Jens Vogelsang, Aachen
Titelbild: istockphoto.com
Satz: typoscript GmbH, Walddorfhäslach
Druck und Bindung: CPI – Ebner & Spiegel, Ulm
Gedruckt in Deutschland
ISBN 978-3-7751-5335-5
Bestell-Nr. 395.335

Inhalt

Kurz und bündig 7
Vorwort 8

I. Neueste Erkenntnisse über den Menschenhandel 9
1. Zum Einstieg 9
2. Zahlen und Fakten 13
3. Das Wie und Warum des Menschenhandels 23
4. Warum ist die Strafverfolgung so schwer und erfolglos? 42

II. Ausbeutung der Arbeit und sexuelle Ausbeutung 51
1. Menschenhandel zur Arbeitsausbeutung (ohne sexuelle Ausbeutung) 51
2. Kinderhandel zur sexuellen Ausbeutung 59
3. Frauenhandel zur sexuellen Ausbeutung 64

III. Praktischer Teil 77
1. Was kann der Einzelne gegen den Menschenhandel tun? 77
2. Die Rolle von Beratungsstellen 85

Weblinks und Literatur 88
Anmerkungen 97

Kurz und bündig

Geht es Ihnen nicht auch so? Über manch einen Themenbereich würde man gerne als Normalbürger Bescheid wissen (oder muss es vielleicht sogar). Doch was die Fachleute schreiben, ist im Normalfall zu kompliziert und zu umfangreich. Wer hat schon Zeit, sich in jedes Thema wochenlang einzuarbeiten!? Hier wollen wir Hilfestellung leisten. In *Hänssler kurz und bündig* geben Fachleute, die sich mit einem Thema schon seit Jahren intensiv beschäftigen, kurz und verständlich einen Überblick über das, was man wissen muss, wenn man Bescheid wissen will und mitreden können möchte.

Dabei enthält jeder Band der Reihe *Hänssler kurz und bündig* die folgenden Elemente:

- Fakten und Basisinformationen
- die Diskussion kontroverser Fragen
- praktische Hilfen und Hinweise zum Weiterarbeiten

All das ist so angelegt, dass der Leser sich in zwei bis drei Stunden (also etwa statt des Abendkrimis oder auf einer Zugfahrt) ein Thema in seinen Grundlagen aneignen kann. Die Anwendung im Leben oder das anschließende Gespräch mit anderen wird dann aber sicher etwas länger dauern ...

Ich würde mir wünschen, dass dieser kleine Band Ihren Horizont erweitern kann und die Informationen liefert, die Sie suchen.

Thomas Schirrmacher

Vorwort

Jeder weiß, was Sklaverei ist, aus der Schule, aus Fernsehdokumentationen, aus Kinofilmen. Die Abschaffung der Sklaverei gehört zu den Triumphen der Geschichte. Sie ist ein integraler Bestandteil des Weges zu Menschenrechten, Demokratie und freier Gesellschaft. Und sie ist Geschichte!? Das aber ist ein großer Irrtum. Denn es gibt heute mehr Sklaven als in irgendeinem früheren Jahrhundert. Und die meisten von ihnen sind gehandelt und verschoben worden wie Waren auf einem globalisierten Markt.

Während die klassische Sklaverei in der westlichen Welt durch die erste große Menschenrechtskampagne der Weltgeschichte abgeschafft wurde, fehlen den Sklaven und Sklavinnen von heute die großen Fürsprecher, wie sie sich etwa in der Klimadebatte finden. Für die meisten Medien ist gerade einmal das unappetitliche Zwangsprostitutionsgewerbe eine Meldung wert, die dann immerhin ein wenig Schock, Abscheu oder Nervenkitzel auslöst.

»Wer einen Menschen raubt und ihn verkauft oder er wird in seiner Gewalt gefunden, der soll auf jeden Fall sterben« (2. Mose 21,16; eigene Übersetzung). Auch wenn wir heute nicht mehr mit der Todesstrafe auf Menschenhandel reagieren, zeigt diese alttestamentliche Bestimmung doch, wie alt das Problem ist und dass wir es mit einem der schwersten Verbrechen der Menschheit zu tun haben.

Ich danke meinen Lesern deswegen, dass Sie sich Zeit nehmen, sich einmal *kurz und bündig* grundlegend über eines der schlimmsten Gräuel der Gegenwart zu informieren. Die Opfer danken es auch, denn nur durch einen ganz großen Aufstand der Zivilgesellschaft kann der Kampf gegen den Menschenhandel wieder ganz nach oben auf die politische Agenda gelangen.

I. Neueste Erkenntnisse über den Menschenhandel

1. Zum Einstieg

Ich stehe vor dem Kolosseum in Rom, vor dem Schiefen Turm von Pisa, unter dem Eiffelturm in Paris, auf der Karlsbrücke in Prag, aber auch vor dem größten Tempel in Nepal, nachts auf einem Markt in Bangkok und im Flughafen von São Paulo. Und überall bieten mir dunkelhäutige Ausländer dieselben gefälschten Markentaschen und Markenuhren an. Nur wenige ahnen, dass es sich hier überwiegend um Menschen handelt, die zwangsweise und unter erbärmlichen Bedingungen Markenfälschungen verkaufen und selbst nichts von dem Verkauf haben. Es handelt sich um eine weltweit von hervorragenden Managern[1] bestens organisierte Kombination von Menschenhandel und Markenfälscherringen mit großen Produktionsstätten in China. Und das vor aller Augen.

Meine Recherchen haben mich zu so unterschiedlichen Orten wie Managua, Quatar, Bangalore, Tokio, Bangkok, Pattaya, Kuala Lumpur, Singapur, Entebbe, Kapstadt, New York, Prag und Amsterdam geführt. Es geht um eine der dunkelsten Seiten der Menschheit.

Eigentlich müsste man Unterthemen wie Kinderpornografie, Schuldknechtschaft, Zwangsehe, Flatrate-Bordelle oder Kindersoldaten jeweils für sich in einem Buch behandeln, um ihrer Bedeutung gerecht zu werden und das Entsetzen darüber auszudrücken. Ich habe ein ungutes Gefühl dabei, manche dieser Themen hier nur auf einer halben Seite zu erwähnen. Auch müsste man grundlegend darauf eingehen, was gegen die Armut, das Gefälle zwischen Arm und Reich oder auch die Unterdrückung und Gewalt gegen Frauen getan werden müsste, ohne die der Zuwachs des Menschenhandels weltweit nicht zu denken wäre. (Einige Themen wie ›Kinderarmut‹ wurden bereits in *kurz und bündig* aufgegriffen.)

Aber es soll ja darum gehen, die Problematik Menschenhandel *kurz und bündig* darzustellen, und es ist wichtiger, dass die Leser einmal einen grundsätzlichen Überblick bekommen, als dass jedes Detail zur Sprache kommt.

Ich habe in diesem Buch zudem aus Platzgründen völlig darauf verzichtet, die Geschichte von Sklaverei, Menschenhandel und Zwangsprostitution darzustellen, ebenso auch die bewegende und erfolgreiche Geschichte der Antisklavereibewegung im 18. und 19. Jahrhundert. Ich werde dazu in Kürze ein eigenes kleines Buch veröffentlichen.

Das antike Griechenland erlebte seinen Niedergang nach Will Durant vor allem durch die Verbindung von sexueller Ausbeutung und Sklaverei,[2] und die westliche Zivilisation ist auf dem besten Weg, dies zu wiederholen.

Zweierlei ist mir dabei völlig schleierhaft. Zum einen, dass die Deutschen keine Ausnahme machen, was die moderne Sklaverei angeht. Dabei war doch das nationalsozialistische Regime mit einer der fürchterlichsten Sklavereimaschinerien innerhalb und außerhalb der KZs verbunden. War uns das keine Lehre?

Zum anderen ist mir eine Tatsache absolut unverständlich: Fast alle Länder der Erde haben harte Gesetze und Strafen gegen Vergewaltigung, Folter und Entführung. Zwangsprostitution umfasst alle drei Verbrechen gleichzeitig, wird aber viel nachlässiger behandelt, kaum ermittelt und gelinde bestraft. Und auch den Freiern müsste klar sein, dass sie sich mit großer Wahrscheinlichkeit an solchen Delikten beteiligen.

Laut UN wurden weltweit zwischen 2003 und 2007 jährlich rund 6 500 Menschenhändler angeklagt und 3 361 verurteilt, wobei viele der Strafen eher symbolisch waren. *Es gibt kein anderes Schwerverbrechen, das so wenig verfolgt, gesetzlich so nebensächlich behandelt und so lässig von den Gerichten bestraft wird.* So jedenfalls werden wir den Kampf gegen den Menschenhandel nicht gewinnen. Es ist in Deutschland weniger riskant, Menschen zu versklaven, als bei Rot über die Ampel zu fahren.

Unser Staat hat viel Personal, das steuerrechtliche, sozialversicherungsrechtliche und arbeitsrechtliche Bedingungen in vielen Firmen überprüft. Teilweise geht es dabei um echte Nebensächlichkeiten. Für die Bekämpfung des Menschenhandels stellt die Politik den Strafverfolgungsbehörden aber nicht genug Personal zur Verfügung. Dabei wird hier doch gegen alle sozial- und arbeitsrechtlichen Bestimmungen, ja alle unsere Vorstellungen von freier, ungefährlicher und würdiger Arbeit verstoßen, und Menschen werden in übelster Weise ausgenutzt.

Es ist ein Missstand, dass es keinen ertragreicheren Wirtschaftszweig auf der Welt als den Menschenhandel und die Zwangsprostitution gibt. Die Startkosten sind gering, die Profite hoch, die Nachfrage stark und wachsend, das Risiko gering und die Gewinne werden breit an alle Beteiligten verteilt – anders als beim Drogenhandel, wo die Masse der Gewinne an die Bosse nach oben geht.

Das hat auch weitreichende negative Konsequenzen über unser Thema hinaus. Neben dem Drogenhandel ist der Menschenhandel und insbesondere die Zwangsprostitution erstens der Hauptmotor für Korruption weltweit und zweitens die Haupteinnahmequelle für Bürgerkriegsarmeen, Rebellen, aber auch für religiös daherkommende fundamentalistische Bewegungen wie die Taliban und andere islamistische Gruppen.

Die Taliban verschleiern ihre eigenen Frauen, aber handeln mit Mädchen und Frauen anderer Völker oder verschenken Frauen als Dank an verdiente Kämpfer. Die türkische PKK oder die nahöstliche Hisbollah finanzieren ihre terroristischen Aktivitäten durch Drogen- und Menschenhandel. Ein Führer der Hisbollah leitete einen Menschenhändlerring per Handy von einem Wiener Gefängnis aus. Seine Handlanger hatten keine Ahnung, für wen sie das Geld erwirtschafteten.

Während es aber beim internationalen Drogenhandel ebenso wie beim islamistischen Terrorismus irgendwie noch einen gesamtgesellschaftlichen und weltweiten Konsens gibt, dass sie gefährlich weit verbreitet sind und massiv bekämpft werden sollten, schafft es der Menschenhandel kaum in das Bewusstsein der Menschen und wird mit weit geringeren Ressourcen bekämpft. Und wer Zwangsprostitution oder gar die ihr zuarbeitende Gewaltpornografie im Internet anprangert,[3] wird sich schnell gegen den Verdacht wehren müssen, er sei ein lebensunlustiger Spießer, der anderen ihren Spaß nicht gönnt.

Als der Fernsehmoderator Michel Friedman 2003 im Zuge von Ermittlungen gegen Frauenhandel in flagranti zusammen mit mehreren Zwangsprostituierten aus der Ukraine verhaftet wurde, war die Aufregung über seinen Kokainkonsum viel größer als darüber, dass ihm eine kriminelle Vereinigung Frauen zwangsweise besorgt hatte. Friedman entschuldigte sich bei der Öffentlichkeit, seiner Freundin und allerlei anderen, doch bei den Zwangsprostituierten entschuldigte er sich trotz Aufforderung öffentlich nie.[4]

Im Juni 2006 berichtete die BBC, dass auf Londoner Flughäfen in aller Öffentlichkeit osteuropäische Frauen für etwa 15 000 $ versteigert wurden. Vorübergehend gab es öffentliche Aufregung, geändert hat sich aber nichts, und die Sache selbst schaffte es nie wieder in die Schlagzeilen. Wer sich ein bisschen auskennt, kann solche Versteigerungen bis heute auf Londoner Flughäfen beobachten.

Dabei ist jedes Land der Erde betroffen. Selbst in Island mit seinen 250 000 Einwohnern gab es einschlägige Fälle. »Quasi alle Staaten der Welt sind in Menschenhandel involviert, und zwar häufig in überlappenden Funktionen als Herkunfts-, Transit- und Zielländer.«[5]

2. Zahlen und Fakten

Zur Zahl der Opfer weltweit

Wie viele Menschen sind von Menschenhandel betroffen und arbeiten nach ihrem Verkauf als Sklaven und Sklavinnen? »Aussagen über das Ausmaß von Menschenhandel scheinen nach wie vor problematisch. Einigkeit herrscht darüber, dass Kriminalitätsstatistiken, die das Hellfeld von Fällen wiedergeben, wenig aussagekräftig sind.«[6]

»Genaue Zahlen kennt niemand. Rund zweieinhalb Millionen Menschen werden laut der Internationalen Arbeitsorganisation ILO jedes Jahr weltweit Opfer von Menschenhändlern. Auf 270 000 wird die Zahl der Menschenhandelsopfer für 2005 in den Industrienationen geschätzt. 2001 ging die Europäische Kommission von rund 120 000 Menschen aus, die in der EU jährlich in zwangsarbeitsähnliche Verhältnisse gebracht werden. Europol spricht in seinem jüngsten Situationsbericht von Februar 2008 von Hunderttausenden Menschenhandelsopfern in der EU.«[7]

Dabei geht es jeweils um ganz unterschiedliche Zahlen. Die Zahl, wie viele Menschen in einem Jahr konkret über Landesgrenzen hinweg verschoben wurden, sagt nichts darüber aus, wie viele Menschen insgesamt versklavt werden. Etliche wurden schon in früheren Jahren gehandelt, viele weitere werden innerhalb eines Landes verschoben.

Wie viele Menschen also sind schätzungsweise insgesamt betroffen? Beginnen wir mit den Zahlen eines Wissenschaftlers und zweier Experten. Jeder dieser drei hat fast alle Länder der Erde bereist:

Siddharth Kara kommt bei seinen Berechnungen auf 28,2 Mio. Sklaven als Opfer von Menschenhandel, davon 1,2 Mio. Kinder.[8]

David Batstone schätzt »über 30 Millionen«[9] Opfer.

Kevin Bale schätzt 27,3 Mio.[10] Sklaven allgemein, wobei er nicht speziell zwischen Sklaverei und Menschenhandel unterscheidet.

Wichtig dabei ist allerdings: Bei diesen Zahlen wird die Kinderarbeit nicht mitgezählt. Denn laut der zur UN gehörigen ILO gibt es 215 Mio. Kinder in Kinderarbeit, davon 115 Mio. unter unwürdigen oder gefährlichen Bedingungen. Da viele dieser Kinder aber nach wie vor dort leben, wo sie aufgewachsen sind, etwa in ihren Familien, fallen sie nicht unter Menschenhandel – so jedenfalls die Meinung der UN.

Welche Schätzungen internationaler Organisationen gibt es? Es sind keine Gesamtzahlen, sondern nur Zahlen für Ausschnitte der Problematik:

»Die Internationale Arbeitsorganisation (ILO) hat mit einer groß angelegten Studie zum Ausmaß und zu den Formen von Zwangsarbeit weltweit den Versuch unternommen, auf der Basis einer anerkannten statistischen Methode verlässliches Zahlenmaterial bereitzustellen. Die Studie kommt zu dem Ergebnis, dass sich in den industrialisierten Staaten derzeit 270 000 Menschen in Zwangsarbeit als Ergebnis von Menschenhandel befinden.«[11] In Sklaverei leben demnach mindestens 12,3 Mio. Menschen, 2,45 Mio. von ihnen, also 20 %, wurden gehandelt. Allerdings muss man hinzufügen, dass diese Studie wirklich bewusst die niedrigsten und belegbaren Zahlen verwendet und die ILO eine sehr eingeschränkte Definition von Menschenhandel hat, die zum Beispiel immer die Überschreitung einer Landesgrenze einschließt. Der Unterschied zu den Zahlen von Bales, Batstone und Kara betrifft übrigens nur Asien. Für alle anderen Kontinente sind die Zahlen bei allen Forschern und Berichten recht ähnlich. Nur leben über 90 % aller Sklaven in Asien.

Das amerikanische Außenministerium kommt ebenfalls auf eine Zahl von 12,3 Mio., allerdings nicht für Sklaven allgemein, sondern für Opfer von Menschenhandel.[12] Das bestätigt meine Sicht, dass Sklaverei praktisch immer auch mit Anwerbung und Transport der Opfer zu tun hat, nur dass die Entfernung von »zu Hause« mal sehr gering ist und mal Tausende von Kilometern beträgt.

Auf 10 Mio. schätzte die UN für 2004 die Zahl der Sklaven in Haushalten.

Die ebenfalls zur UN gehörige Internationale Organisation für Migration (IOM) mit Sitz in Genf schätzt, dass jährlich etwa eine halbe Million Frauen und Kinder aus Ost- und Mitteleuropa nach Westeuropa gehandelt werden.

Erkenntnisse aus Deutschland

In Deutschland werden nur sehr wenige Fälle von Menschenhandel aufgedeckt, geschweige denn tatsächlich verurteilt. Dennoch ist die statistische Erfassung des deutschen Bundeskriminalamtes von Interesse. Allerdings ist hier die Arbeitsausbeutung nicht mit erfasst: »Im Jahr 2009 wurden in Deutschland 534 Ermittlungsverfahren wegen Menschenhandels zum Zweck der sexuellen Ausbeutung abgeschlossen. (...) Entsprechend der Entwicklung in den vergangenen Jahren stammte auch 2009 der Großteil der Opfer (86 %) aus dem europäischen Raum. Bei den ausländischen Opfern dominierten erneut rumänische und bulgarische Staatsangehörige; die Zahl nigerianischer Opfer stieg auf 34 (2008: 25). Rund 20 % der Opfer waren minderjährig; die Zahl der unter 14-Jährigen ist auf 41 gestiegen und hat sich damit gegenüber dem Vorjahr mehr als verdoppelt (2008: 20). Die Zahl der wegen Verdachts des Menschenhandels registrierten Tatverdächtigen betrug 2009 777 und damit 1 % weniger als im Vorjahr (2008: 785). Bei den Tatverdächtigen dominierten mit einem Anteil von 36 % erneut deutsche Staatsangehörige (279 von 777). Den größten Anteil bei den ausländischen Tatverdächtigen stellten erneut bulgarische, rumänische und türkische Staatsangehörige.«[13]

»145 (rund 20 %) der 710 festgestellten Opfer von Menschenhandel zum Zweck der sexuellen Ausbeutung waren minderjährig, 51 davon waren Deutsche. 41 der Opfer (6 %) waren zum Tatzeitpunkt unter 14 Jahre alt. Der deutliche Anstieg der gemeldeten Opfer in diesem Alterssegment gegenüber dem Vorjahr (20) dürfte auf das durch ein Projekt stimulierte konsequente Anzeigeverhalten in Berlin (34 Opfer) gegen Personen, die in der Homosexuellen-Szene Minderjährige an zahlungswillige Kunden vermitteln, zurückzuführen sein. Die Kinder sind zum größten Teil türkischer oder bosnischer Herkunft, bei den deutschen Opfern besteht häufig ein Migrationshintergrund.«[14]

Der Profit

Das organisierte Verbrechen unterscheidet sich vor allem in drei Bereichen von normalen Wirtschaftszweigen: Erstens durch illegales Wirtschaftsgut, zweitens durch den unabdingbaren Einsatz von Gewalt und drittens durch großflächige Korruption. Außerdem gehören immer folgende Elemente dazu, die aber auch bei legalen Geschäften vorkommen können: überdurchschnittlich hohe Gewinne und Verschleierung der wahren Sachverhalte und Besitzverhältnisse.

Es gibt keinen ertragreicheren Wirtschaftszweig der Welt, sagen fast alle Experten.[15] Geringer Kapitaleinsatz – das eigentliche Kapital sind die Menschen selbst –, geringes Risiko, tägliche Dauereinnahmen, hohe Gewinnspannen, ständig wachsende und kaum zu erfüllende Nachfrage. »Menschenhandel gehört (...) zu den lukrativsten Formen organisierter Kriminalität, da den nach wie vor geringen Risiken für die Täter und Täterinnen enorme Gewinnspannen gegenüberstehen.«[16]

Hier die gleichlautende Schätzung mehrerer Experten: »Es fallen weltweit 32 Milliarden $ Gewinn mit gehandelten Menschen an, die Sklaverei insgesamt erwirtschaftet 42 Milliarden $.«[17] »Der Handel mit Menschen ist ein lukratives Geschäft. Der jährliche weltweite Gewinn wird auf 32 Milliarden US-Dollar geschätzt. Damit zählt der Menschenhandel neben dem Drogen- und Waffenhandel zu den profitabelsten kriminellen Geschäften weltweit. Sowohl Europol als auch die Polizeibehörden vieler Mitgliedstaaten gehen davon aus, dass Menschenhandel das zurzeit am schnellsten wachsende kriminelle Gewerbe ist.«[18]

Oft ist bei den Berechnungen aber unklar: Geht es um Umsatz oder Gewinn, geht es um Handel mit Sklaven oder Gewinn aus Sklaverei, etwa Zwangsprostitution?

Siddharth Kara hat die umfangreichsten Untersuchungen und Berechnungen angestellt und die »Gewinnspanne« des Menschenhandels auf 60 % berechnet![19] Für das Jahr 2007 gibt er an:

> **Menschenhandel und Sklaverei zur sexuellen Ausbeutung:**
>
> *Verkauf von Menschen:*
> Umsatz: 1 Milliarde $
> Gewinn: 600 Mio. $ = 60 %, pro Sklave: 1 895 $
> *Anschließende Ausbeutung der Menschen:*
> Umsatz: 51,3 Milliarden $
> Gewinn: 35,7 Milliarden $, pro Sklave pro Jahr: 29 210 $
> **Andere Arten von Menschenhandel:**
> *Verkauf und Ausbeutung von Menschen:*
> Umsatz: 58,6 Milliarden $
> Gewinn: 39,7 Milliarden $
> **Menschenhandel insgesamt pro Jahr:**
> Umsatz: 152,3 Milliarden $
> Gewinn: 92,2 Milliarden $ = 60 %

2008 untersuchten die ungarischen Strafverfolgungsbehörden für die Jahre 2001 bis 2007 mit Unterstützung der Geheimdienste ein angeklagtes Netzwerk von Frauenhändlern, die ungarische Prostituierte in Nachtklubs in Ungarn und Deutschland ausbeuteten. Man fand vom Erlös 98 Mio. € an legal angelegten Werten, 6 Mio. € wurden alleine bei einem der Angeklagten beschlagnahmt.[20]

Siddharth Kara hat vorgerechnet, dass die Nachfrage nach Prostitution weltweit überall dort steigt, wo die Preise dafür sinken. Das geschieht vor allem infolge von Menschenhandel.[21] Ob in Indien oder Deutschland, überall gibt es Sex so billig wie nie. Das gilt auch für Westeuropa: *Sinkende Preise lassen die Nachfrage nach Prostitution steigen, was wiederum die Zahl der Prostituierten steigen lässt. Dabei sind die günstigen Preise eher durch Zwangsprostitution zu gewährleisten. Ein kapitalistischer Teufelskreis.* (Dass eine Bestrafung der Freier die Zahl der Besuche bei Prostituierten senkt, den Preis steigen lässt und damit auch die Zwangsprostitution einschränkt, wird in einem eigenen Abschnitt unten deutlich werden.)

Ein typisches Beispiel für den Preisverfall als Motor der Zunahme von Prostitution sind die Flatrate-Bordelle. Diesen gelang es lange, in den Medien als Spaßtempel dargestellt zu werden, indem Prostituierte begeisterte Interviews gaben (wozu man Prostituierte übrigens auch zwingen kann!). »»Sex mit allen Frauen, so lange Du willst, so oft Du willst und wie Du willst‹ – so warb die Bordellkette ›Pussy-Club‹ mit ihren Etablissements in Fellbach (bei Stuttgart), Heidelberg, Berlin und Wuppertal für sogenannten Flatrate-Sex. Ab kommenden Freitag müssen sich die Zuhälter dieser Bordelle vor der 10. Großen Wirtschaftsstrafkammer des Landgerichts Stuttgart verantworten. Die Anklage lautet ›gemeinschaftlicher schwerer Menschenhandel‹. Seit 2004 sollen die zehn Angeklagten regelmäßig junge Rumäninnen nach Deutschland gebracht haben, um sie unter ihrer Kontrolle als Prostituierte arbeiten zu lassen. Die beiden Hauptangeklagten und ein weiterer Angeklagter sollen außerdem Sozialversicherungsbeiträge in Höhe von 2,7 Millionen Euro den Behörden vorenthalten haben. Die 22 Rumäninnen, die Opfer des Menschenhandelsrings wurden, kamen nach Deutschland, um Geld zu verdienen. Dass ›Geld verdienen‹ jedoch bedeutet, bis zu 60 Freier in bis zu 14 Stunden pro Tag zu bedienen – das hat wohl keine der Frauen geahnt. Viele der Frauen waren zu dieser Zeit noch nicht 21 Jahre alt. (...) ›Vor der Tür des Fellbacher Pussy-Clubs standen am Wochenende mehr Typen Schlange als vor der besten Disco in Stuttgart‹, sagt der Waiblinger Anwalt Jens Rabe, der eine 21-jährige Rumänin vertritt. Manchmal habe eine Frau doch nicht alles mit sich machen lassen, obwohl die Bordell-Kette das den Kunden versprochen habe. Wenn sich ein Gast deshalb beschwerte, sei der Prostituierten zur Strafe das Wochengehalt gestrichen worden. Das Gehalt der Frauen betrage zwischen 350 und 1 000 Euro.«[22]

Man kann Siddharth Karas These nur zustimmen, dass das Anwachsen des Menschenhandels Folge des enormen Profits und des geringen Risikos ist – es ist also vor allem einer Kehrseite des Weltkapitalismus zu verdanken.

Siddharth Kara nennt folgende *Gründe für das fehlende Risiko*:[23]

- Verwirrung über die Definition von Menschenhandel und die Aufgabe der Strafverfolgung, deshalb steht illegale Migration stärker im Mittelpunkt als die Ausbeutung der Opfer
- Korruption bei Strafverfolgungsbehörden, Lockerung der Grenzkontrollen und unterschiedliche Rechtssysteme
- Fehlende internationale Kooperation und Koordination
- Fehlende Spezialeinheiten zur Verfolgung von Menschenhandel oder deren schlechte Ausstattung
- Fehlende oder schleppende Durchsetzung des Verbots
- Fehlender Schutz für die Opfer, deren Zeugenaussage benötigt wird
- Ineffektive Gesetze, die vor allem kaum die Chance nutzen, den Menschenhändlern finanziellen Schaden zuzufügen

Menschenhandel in Europa

Das Büro der Vereinten Nationen für Drogen- und Verbrechensbekämpfung (UNODC) schreibt: »Die am stärksten vom Menschenhandel betroffenen Regionen sind Zentral- und Südostasien, das subsaharische Afrika und einige südamerikanische Staaten. Die wichtigsten Zielregionen sind die zentral- und westeuropäischen Staaten sowie die USA.«[24] Laut der UN Office on Drugs and Crime standen 2006 fünf Länder an der Spitze Westeuropas, was Drehscheibe und Empfang von Menschenhandel betrifft: Belgien, Deutschland, Griechenland, Italien und die Niederlande.

Dabei breitet sich der Einfluss der Menschenhändler aus wie eine Krake. Man geht etwa davon aus, dass Menschenhändler, die 1995 in London noch keine Rolle spielten, heute in London 80 % des Straßenstrichs kontrollieren.

Man kann sich also als Europäer nicht damit beruhigen, dass es sich vor allem um ein Problem armer Länder handele. Zudem gilt, dass nach den Berechnungen von Siddharth Kara[25] *Europa pro Kopf gerechnet die höchste Dichte von Sexsklaven hat*. Lediglich bei anderen Arten von Menschenhandel und Sklaverei ist Asien auch prozentual »führend«. Eine österreichische Zeitung schreibt treffend: »›Nie war die EU organisiertem Verbrechen stärker ausgesetzt als heute‹, warnte Europol und veranschaulichte dies anhand eines Beispiels von Roma-Banden aus Rumänien, die Kinder zum Betteln nach Westeuropa schicken: ›Es wurde während der Untersuchung offensichtlich, dass die Menschenhändler klare Vorstellungen davon hatten, dass, wenn die Kinder bis zum Maximum ausgebeutet würden, die Gewinne rund um 20 000 bis 30 000 Euro binnen drei bis vier Monaten betragen werden.‹ Pro bettelndem Kind, versteht sich. (...) ›Die meisten Opfer kommen jetzt von innerhalb der EU. Es ist ein innereuropäisches Problem geworden. Das sieht man seit fünf, sechs Jahren. Die letzten beiden EU-Beitritte haben diesen Trend noch verstärkt‹, sagte ein Beamter, der unter der Bedingung der Anonymität sprach. ›Und es geht nicht nur um rumänische Frauen. Der Anteil an Zwangsarbeitern beim Menschenhandel steigt. Das ist ein klarer Trend, den Sie in Restaurants, auf Baustellen und in der Landwirtschaft in ganz Europa sehen können‹ (...)«[26] – auch als Laie, wenn man die Augen etwas offen hält.

Die Öffnung der Grenzen in Europa – insbesondere durch die seit 1995 in immer mehr Ländern in Kraft getretenen Abkommen Schengen I und Schengen II – ging leider nicht mit entsprechenden Überlegungen einher. Es blieb unklar, wie man die Erleichterung des Menschenhandels durch weniger Grenzkontrollen ausgleichen könnte, geschweige denn wie man die entsprechende Strafverfolgung zwischen den EU-Ländern besser koordinieren könnte. Erst zwei Jahrzehnte später wachte man langsam auf, ohne dass bisher der große Durchbruch gelungen wäre. »In Deutschland und der Europäischen Union wurde Mitte der 1990er Jahre Menschenhandel als Problem erheblichen Ausmaßes erkannt. Der Fokus der Aufmerksamkeit lag dabei auf dem Handel von Frauen aus den Staaten Mittel- und Osteuropas in die kommerzielle sexuelle Ausbeutung, vor allem im Kontext organisierter Kriminalität. Durch die Umwälzungen in Mittel- und Osteuropa, die schlechten sozialen und ökonomischen Bedingungen insbesondere für Frauen in den Transitionsstaaten, die Verkürzung und Verbilligung der Transportwege sowie durch die politische Instabilität insbesondere in Südosteuropa hat der Menschenhandel in und aus Europa seit 1990 deutlich zugenommen.«[27] Und diese Entwicklung hält seit über 20 Jahren an.

Oliver Grimm schreibt dazu treffend: »Weißrussische, nigerianische oder fernöstliche Prostituierte auf dem Straßenstrich: So stellen sich die meisten Bürger typische Opfer von Menschenhandel in Europa vor. Dieses Bild entspricht allerdings nicht mehr der Wirklichkeit. Denn heute sind die meisten Opfer dieser Verbrechen EU-Bürger. Und es sind zusehends öfter Männer, nicht Frauen. Die letzten beiden Wellen der EU-Erweiterung nach Süden und Osten in den Jahren 2004 und 2007 haben Menschenhandel zu einer internen Angelegenheit gemacht, sagten mehrere mit diesem Thema befasste EU-Beamte am Donnerstag in Brüssel. (...) Europol warnt schon seit einigen Jahren davor, dass Menschenhandel zunehmend ein EU-internes Problem wird.«[28]

Armando García Schmidt schreibt in einem Bericht der Bertelsmann-Stiftung: »Mehr als 80 % der Fälle von Menschenhandel in Westeuropa haben das Ziel, überwiegend Frauen sexuell auszubeuten. Doch Menschenhandel betrifft nicht allein die sogenannte Sexindustrie. Immer stärker werden auch andere Formen des Menschenhandels offenbar: Zwangsarbeit in Haushalten, Sweatshops, der Bauindustrie und der Landwirtschaft. Vielerorts haben sich in den vergangenen Jahren ›ertragreiche‹ Strukturen herausgebildet. Frauen aus Litauen wurden 2005 in großem Stil nach Großbritannien gebracht und zur Prostitution gezwungen. Schätzungen zufolge stammt jede dritte Zwangsprostituierte in Italien aus Nigeria. Bis zu 100 000 chinesische Arbeiter sollen allein in Paris in einer isolierten Parallelgesellschaft unter sklavereiähnlichen Bedingungen leben.«[29]

Am 22. März 2011 hat die EU eine ›Europäische Richtlinie zur Verhütung und Bekämpfung von Menschenhandel und zum Opferschutz‹ verabschiedet. »Die Richtlinie schafft erstens die EU-weite Pflicht, Opfern von Menschenhandel gratis Rechtshilfe zu gewähren, wenn sie sich selber keinen Anwalt leisten können. Zweitens müssen Kinder psychologische Betreuung und einen Vormund oder sonstigen Stellvertreter erhalten. Drittens drohen Menschenhändlern mindestens zehn Jahre Haft, wenn sie ihre Verbrechen gegen Kinder, im Rahmen einer organisierten Bande, unter besonderer Gewaltanwendung oder lebensgefährlicher Vernachlässigung der Opfer begangen haben. Zwei Jahre haben die Staaten nun Zeit, diese Richtlinie in nationales Recht umzusetzen. Dänemark und Großbritannien machen vorerst nicht mit.«[30] Aber auch in den anderen Ländern herrscht nicht gerade Übereifer.

Aber ohne eine gründliche Aufstockung der Strafverfolgungsinstitutionen in ganz Europa, die sich mit Menschenhandel beschäftigen, werden alle rechtlichen Verbesserungen ins Leere laufen. Denn es gilt: »Zwar gibt es seit einigen Jahren

Initiativen zum Thema: Nichtregierungsorganisationen befassen sich mit den unterschiedlichen Facetten des Problems. Auch wurden internationale Übereinkommen, Aktionspläne und neue Ämter wie das der Sonderbeauftragten der OSZE oder die Initiative UN.GIFT ins Leben gerufen. Dennoch: Dem Schwung in der internationalen Rechtsetzung stehen nach wie vor eine mangelnde Aufmerksamkeit und insbesondere die Zunahme des Menschenhandels in Europa entgegen.«[31] Hier kann nur ein Aufstand der Zivilgesellschaft Änderung bringen.

3. Das Wie und Warum des Menschenhandels

Endlich eine internationale Definition
»Seit über einem Jahrzehnt ist das zuvor marginalisierte Phänomen Menschenhandel zu einem Thema des politischen Mainstreams geworden. Dabei wird Menschenhandel nicht nur als schwere Form von organisierter, grenzüberschreitender Kriminalität wahrgenommen, sondern auch als Menschenrechtsverletzung gebrandmarkt. Eine Vielzahl internationaler, regionaler und nationaler Initiativen und Programme wurde aufgelegt. Mit dem UN-Protokoll zur Verhütung, Bekämpfung und Bestrafung des Menschenhandels von 2000 und der Europa-Ratskonvention zur Bekämpfung des Menschenhandels von 2005 sind auch spezialisierte Rechtsinstrumente entstanden, die wiederum regionale und nationale Rechtsänderungen angestoßen haben.«[32]

Das Umdenken ist vor allem den USA und George W. Bush jun. zu verdanken. »Erst die amerikanische Politik verlieh der Forderung nach einem Umdenken (...) den nötigen Nachdruck. Im Jahr 2000 verabschiedete der US-Kongress in Washington das Gesetz zum Schutz der Opfer von Menschenhandel und Gewalt (Victim of Trafficking and Violence Protection Act). Das

Außenministerium der USA ist seitdem verpflichtet, jährlich einen Bericht über den Menschenhandel in allen Staaten der Welt zu erstellen«[33], der den Druck auf viele Staaten enorm erhöht hat.

Das Palermo-Protokoll von 2000 und damit die bedeutendste Definition von Menschenhandel trat Ende 2003 in Kraft und wurde bis dato von 117 Staaten unterzeichnet.

Menschenhandel-Definition der UN (Palermo-Protokoll 2000)

»Im Sinne dieses Protokolls:
a) bezeichnet der Ausdruck ›Menschenhandel‹ die Anwerbung, Beförderung, Verbringung, Beherbergung oder Aufnahme von Personen durch die Androhung oder Anwendung von Gewalt oder anderen Formen der Nötigung, durch Entführung, Betrug, Täuschung, Missbrauch von Macht oder Ausnutzung besonderer Hilflosigkeit oder durch Gewährung oder Entgegennahme von Zahlungen oder Vorteilen zur Erlangung des Einverständnisses einer Person, die Gewalt über eine andere Person hat, zum Zweck der Ausbeutung. Ausbeutung umfasst mindestens die Ausnutzung der Prostitution anderer oder andere Formen sexueller Ausbeutung, Zwangsarbeit oder Zwangsdienstbarkeit, Sklaverei oder sklavereiähnliche Praktiken, Leibeigenschaft oder die Entnahme von Organen;
b) ist die Einwilligung eines Opfers des Menschenhandels in die unter Buchstabe a) genannte beabsichtigte Ausbeutung unerheblich, wenn eines der unter Buchstabe a) genannten Mittel angewendet wurde;
c) gilt die Anwerbung, Beförderung, Verbringung, Beherbergung oder Aufnahme eines Kindes zum Zweck der Ausbeutung auch dann als Menschenhandel, wenn dabei

> keines der unter Buchstabe a) genannten Mittel angewendet wurde;
> d) bezeichnet der Ausdruck ›Kind‹ Personen unter 18 Jahren.«[34]

Zwar gibt es auch Kritikpunkte, etwa dass die häusliche Sklaverei oder Zwangsverheiratung im kulturellen Umfeld der Heimat der Opfer außen vor bleiben und dass so nur noch Zwangsprostitution, nicht die Käuflichkeit von Sex an sich, erfasst wird. Aber aufs Ganze gesehen war die Definition und ihre internationale Übernahme ein großer Fortschritt. »Diese Definition hat einen starken Einfluss auf die weitere Rechtsetzung zu Menschenhandel entfaltet; so wurde sie weitgehend etwa in der Rechtsetzung der Europäischen Union, des Europarates sowie in vielen nationalen Rechtsordnungen übernommen. Auch Deutschland hat sein Strafrecht im Jahr 2005 weitgehend entsprechend dieser Definition reformiert und neben dem bereits zuvor strafbaren Handel zum Zweck der sexuellen Ausbeutung auch den Handel zum Zweck der Arbeitsausbeutung aufgenommen.«[35]

Nach dieser Definition gehören zum Menschenhandel drei Dinge:

- Ein Tatbestand: Es muss etwas mit den Opfern gemacht worden sein
- Ein Tatmittel: Dazu wurde Gewalt, Betrug, Täuschung usw. angewandt
- Ein Tatzweck: Die Ausbeutung

Begriffe rund um den Menschenhandel

Menschenhandel: Siehe die Definition im letzten Abschnitt.
Zwangsarbeit, Sklaverei: Opfer werden zur Arbeit gezwungen oder aber durch Täuschung und Betrug gefügig gemacht. Oberbegriff für alle anderen Arten der hier genannten Begriffe. Kennzeichen: Zwang zur Arbeit, völlige Kontrolle durch »Arbeitgeber«, Opfer wird als Ware behandelt, Freiheitsberaubung oder wenigstens Beschränkung der Beweglichkeit.
Leibeigenschaft: Die Verpflichtung, auf einem jemand anderem gehörenden Grundstück zu leben und zu wirtschaften, ohne dies ändern zu können und ohne am Gewinn beteiligt zu werden.
Angeborene Sklaverei: Kinder von Sklaven gehören automatisch dem Besitzer und werden selbst versklavt. In neuerer Form müssen sich oft die Kinder von Prostituierten selbst prostituieren.
Menschenschmuggel: Auswanderungswilligen werden illegale oder scheinlegale, gefährliche und ungefährlichere Möglichkeiten der Migration geschaffen. Bei Einwilligung der Betroffenen kein Menschenhandel, kann aber zu unwürdigen Transportmethoden, Wucherpreisen und nach Ankunft in Schuldknechtschaft usw. führen.
Schuldknechtschaft (engl. bonded labour, debt bondage): Es wird vorgegeben, mit der Zwangsarbeit müssten Schulden der Familie, für Reisekosten, Ausweispapiere, Arbeitsbeschaffung oder Arbeitsmaterial abgezahlt werden. Heute häufigste Form der Sklaverei zur Arbeitsausbeutung – meist erfundene Kosten oder Wucherzinsen. Aus meiner Sicht meist Menschenhandel, weil Täuschung und Ausbeutung und Ortswechsel im Spiel sind.

Haushaltssklaverei (engl. [involuntary] domestic servitude): Sklaverei im Haushalt, entweder als Schuldknechtschaft einer Familie gegenüber oder aber ausbeuterische Ausnutzung legaler Hausarbeit oder aber Beschäftigung illegaler Einwanderer unter entwürdigenden Bedingungen.
Kinderarbeit: immer falsch, aber schlimmere Form:
Kinderzwangsarbeit (engl. forced child labour): Zwangsarbeit von Minderjährigen. Wird so bezeichnet, weil Kinderarbeit – also auch freiwillige oder bezahlte – in den meisten Ländern zumindest bis zu einem bestimmten Alter verboten oder stark beschränkt ist, aber von Versklavung Minderjähriger im Schweregrad unterschieden werden muss.
Sex Trafficking: Menschenhandel zum Zweck der sexuellen Ausbeutung.

Ausbeutungsarten

Menschen werden vor allem zu folgenden Arten der Ausbeutung gehandelt, die sich überschneiden können:

- zur Prostitution
- zur Ausbeutung der Arbeitskraft
- für den Heiratsmarkt
- zum Ausschlachten von Organen

Für *Kinder* kommen speziell hinzu:

- als Kindersoldaten
- zur Adoption
- für Betteln, Taschendiebstähle oder Serieneinbrüche

Das Büro der Vereinten Nationen für Drogen- und Verbrechensbekämpfung (UNODC) kam 2009 in seinem zweiten Bericht zum weltweiten Menschenhandel zu einer zahlenmäßigen Aufteilung, der die führenden Fachleute weltweit im Wesentlichen alle zustimmen: 79 % der Opfer von Menschenhandel werden sexuell ausgebeutet, 18 % werden durch Zwangsarbeit ausgebeutet, 3 % entfallen auf zwangsweise Hausarbeit und alle anderen Tatbestände.

Organisation

Die Globalisierung des Menschenhandels und der Sklaverei kommt in den enormen Strecken zum Ausdruck, die viele Opfer zurücklegen. Hunderttausende Chinesen aus der Provinz Fujian leisten in New York und Paris Zwangsarbeit, um ihre vermeintlichen Transportschulden abzuzahlen. Thailändische Zwangsprostituierte finden sich in fast jedem reicheren Teil der Erde. Verschleppte Vietnamesen werden in Großbritannien für den Cannabisanbau in Häusern eingesetzt. Tadschiken und Vietnamesen werden mit Vorliebe in Moskau und Sibirien, ja ganz Russland als Zwangsarbeiter eingesetzt. In den arabischen Ländern finden sich vor allem versklavte Philippinos, Thailänder und Äthiopier. Frauen aus der Dominikanischen Republik müssen in Spanien anschaffen. Italien dagegen steht bei Nigerianerinnen an der Spitze.

Neben diesem Transport von Kontinent zu Kontinent steht der innerhalb der Kontinente, zum Beispiel aus Ländern Osteuropas nach Westeuropa, oder der große »Bedarf« in Japan an Zwangsprostituierten aus Thailand, Philippinen und Russland.

Der Menschenhandel ist sehr »effizient« organisiert. Opfer werden oft erst rekrutiert, wenn die »Bestellung« aufgegeben ist. So soll laut Europol-Mitarbeitern etwa ein Bordell in London, das Nachschub aus dem Balkan ordert, innerhalb von 48 Stunden beliefert werden.

Eine gängige Praxis ist etwa, Frauen in den ehemaligen Ländern der Sowjetunion mit Papieren auszustatten, die sie als Juden ausweisen, sodass sie in Israel eingebürgert werden. Mit legalen israelischen Papieren können sie dann in den meisten

Ländern der Erde eingesetzt werden. Das erfordert natürlich ein weltumspannendes Netzwerk.

Die Transportkosten für den Menschenhandel sind enorm gesunken, während es immer mehr Transportmöglichkeiten gibt. So kann ein schnelles Verschieben der Opfer in andere Länder – etwa wenn polizeiliche Ermittlungen drohen – oft aus den Tageseinnahmen des Opfers finanziert werden.

Menschenhandel gibt es im Kleinen wie im Großen, als Familienunternehmen und als multinationale Konzerne. Ein Ehepaar etwa kann ein als Haushaltshilfe angeworbenes oder gekauftes Mädchen auf den Straßenstrich schicken.

Menschenhandel gibt es aber auch im Rahmen von transnationalen Verbrecherorganisationen, die meist anhand ethnischer Zugehörigkeiten organisiert sind (und vor allem von Russland, Osteuropa, Hongkong, Japan und Kolumbien aus agieren). Die größten dieser Organisationen gibt es in Asien bzw. sie operieren von Asien aus. Allerdings bilden sich derzeit keine wirklichen Kartelle heraus, da der Markt noch so expandiert, dass es wenig Konkurrenz zwischen Kleinen und Großen gibt.

Wählen wir ein Beispiel für die kleinste Art der Organisation: »Wegen Menschenhandels, Vergewaltigung und Zuhälterei muss sich seit Donnerstag ein 28-jähriger Automechaniker vor Gericht verantworten. Vor dem Landgericht Frankfurt geht es um die Beziehung des Angeklagten zu einer 19-Jährigen aus seiner Heimat Rumänien. Ihm wird vorgeworfen, die junge Frau Anfang vorigen Jahres mit Versprechungen von einer Arbeitsstelle als Haushaltshilfe nach Deutschland gelockt zu haben. Dort wurde das Opfer laut Anklage in ein Bordell gesteckt und zwischendurch vom Angeklagten vergewaltigt, um ihr ›zu zeigen, wie der Beruf läuft‹, sagte die Frau.«[36]

Das Familienunternehmen Menschenhandel kann auch schon die Großfamilie umfassen. Auch hier ein Beispiel: »In Hamburg stehen Mitglieder einer slowakischen Großfamilie wegen Menschenhandels vor Gericht. Sie sollen auch Schwangere auf den Straßenstrich geschickt haben. Wie ein altes Mütterchen sitzt die 64 Jahre alte Frau mit dem geblümten Kopftuch und der grauen Strickjacke im Sitzungssaal des Hamburger Landgerichts. Ihr Gesicht ist zerfurcht, die grauen Haare lugen unter dem Tuch hervor. Unsicher blickt sie in den Raum – ihre drei Söhne sitzen dort auf den übrigen Anklagebänken, kurz darauf wird auch ihre Schwiegertochter in den Saal geführt. Fünf Mitglieder einer Großfamilie aus der Slowakei müssen sich wegen schweren Menschenhandels vor Gericht verantworten. Laut Staatsanwaltschaft sollen sie von 2002 bis 2010 bis zu 20 junge Frauen in die Hansestadt gelockt und dort zur Prostitution gezwungen haben. Die Familie soll laut Anklage gezielt ›mittellose und einfach strukturierte Frauen‹ aus den ländlichen Gebieten der Slowakei rekrutiert haben, die entweder schwanger waren oder als alleinerziehende Mütter wirtschaftlich besonders unter Druck standen. (...) Als Prostituierte auf dem Straßenstrich im Stadtteil St. Georg mussten sie nach Ermittlungen der Staatsanwaltschaft täglich bis zu 16 Stunden arbeiten und ihre Erlöse später an Mitglieder der Bande abgeben. Diese überwachten die Frauen angeblich rund um die Uhr, machten Kontrollanrufe oder beobachteten ihre Opfer. Den Frauen sei es nicht möglich gewesen, aus eigener Kraft wieder in ihr Heimatland zurückzureisen. Unter dem Vorwand, sie könne als Kellnerin in einem Restaurant arbeiten, soll der 45-jährige Angeklagte im März 2010 eine junge Frau nach Hamburg gelockt haben. In Deutschland angekommen habe ihr dann die 64-Jährige eröffnet, dass sie nun anschaffen gehen müsse, bis sie das Geld für die Rückreise verdient habe.«[37]

Gewissermaßen den Mittelstand des Menschenhandels dagegen zeigt folgendes Beispiel: »Seit Anfang des Jahres ermittelte die Kriminalpolizei Augsburg gegen mehrere Personen wegen des Verdachts auf organisierten Menschenhandel und Zuhälterei. Die Bande steht im Verdacht, junge rumänische Frauen aus deren Heimatland nach Deutschland eingeschleust zu haben. Die Gruppe betrieb eine Reihe als Wellness- und Massagestudios getarnte Wohnungsbordelle. Hier sollen die Frauen als Prostituierte gearbeitet haben. Diese Studios gab es in mehreren Städten in Bayern, Baden-Württemberg und Thüringen. Bei einer groß angelegten Durchsuchungsaktion konnte der Kopf der Bande gefasst werden. Es handelt sich dabei um einen 53-Jährigen, der seinen Wohnsitz im Raum Landsberg hat. Außerdem konnten drei weitere Mittäter in Mannheim und Memmingen festgenommen werden. Die Durchsuchungen bei den Beschuldigten führten zur Beschlagnahme umfangreicher Unterlagen sowie eines fünfstelligen Bargeldbetrages. Darüber hinaus wurden acht Wohnungsbordelle durchsucht, die von den Tatverdächtigen in Augsburg, den Landkreisen Augsburg und Landsberg sowie in Memmingen, Gotha, Erfurt und Weimar betrieben wurden. Hierbei wurden insgesamt zehn rumänische Frauen im Alter von 18–32 Jahren angetroffen, die von der Tätergruppe zur Prostitution eingesetzt worden sein sollen.«[38]

Und hier ein Beispiel für ein internationales Netzwerk, das zugleich zeigt, wie wenig ernst die Strafverfolgung zum Teil genommen wird: »Drei mutmaßliche Schleuser sollen 1 000 chinesische Köche ausgebeutet haben. Jetzt sind sie wieder auf freiem Fuß – weil die zuständige Richterin in Pension geht. (…) Mehr als 2 100 Beamte hatten im vergangenen Sommer unter Führung der Staatsanwaltschaft Hannover bundesweit 154 Chinarestaurants und Wohnungen durchsucht, um einen Schleuserring aufzuheben. Drei Chinesen sollen mehr als 1 000 Köche aus China eingeschleust und ausgebeutet haben. Nun musste man sie freilassen – weil eine Richterin Ende September vorzeitig in den Ruhestand geht. (…) Nach der Razzia waren sich Polizei und Zoll ziemlich sicher, mächtige Drahtzieher gefasst zu haben: Den Ermittlern zufolge haben die drei Beschuldigten zehn Jahre lang Köche nach Deutschland geschleust, wo sie für einen Stundenlohn von knapp zwei Euro mehr als 80 Stunden pro Woche schufteten. Ihre Pässe sollen sie meist behalten haben, während sie zeitweise zu dritt in Zehn-Quadratmeter-Zimmern hausten. Den Gewinn des bundesweiten Ausbeutungsgeschäfts beziffert die Staatsanwaltschaft auf mindestens zwei Millionen Euro. (...) Die Ermittler hatten es sogar geschafft, einzelne Opfer zur Aussage zu bewegen, was bei Menschenhandel oft nicht gelingt. Bei den Opfern hält sich das Verständnis nun in Grenzen. ›Ich bin mir ziemlich sicher, dass sie den nächsten Flieger nach China genommen haben‹, sagt Rechtsanwalt Bernhard Welke, der rund 100 Köche vertritt. Nun sei die Schleuserbande wohl weg, gegen die ausgebeuteten Köche liefen aber weiter Ermittlungsverfahren wegen Visa-Vergehen. Er habe nicht damit gerechnet, dass ›der Richterin nach drei Monaten Prozess einfällt, sie will in Rente‹.«[39]

Die Kleinen »hängt« man eben, die Großen lässt man laufen!

Die Täter

Welchen Beruf haben die Menschenhändler? Im Gegensatz zur Drogenmafia, wo viele Kriminelle aus armen Familien stammen, ist der Menschenhandel überwiegend von Menschen mit Ausbildung und ohne Vorstrafenregister geprägt, wie vor allem Untersuchungen in den USA und Russland gezeigt haben. Oft sind es ehemalige oder jetzige Angehörige von Polizei, Militär oder Strafverfolgungsbehörden, wie es besonders für die ehemaligen Staaten der Sowjetunion, aber auch für die islamischen Staaten Asiens nachgewiesen wurde. Darin stimmen etwa die Untersuchungen von Louise Shelley und von Siddharth Kara überein.

Neben den eigentlichen Menschenhändlern ist der Menschenhandel auf eine Reihe von korrupten oder geldgierigen Berufsgruppen angewiesen: Dazu gehören solche, die Visa und Pässe ausstellen (oder fälschen) oder befürworten (z. B. Studentenvisa), Mitarbeiter von Reisebüros und Hotels, Vermieter, Anwälte, Ärzte.

Anders als im Fall der Drogenkartelle ist der Menschenhandel keine Männerdomäne, denn »Frauen stellen die größte

Opfergruppe, nehmen allerdings auch eine wichtige Täterrolle ein«.[40] Das Büro der Vereinten Nationen für Drogen- und Verbrechensbekämpfung (UNODC) schreibt 2009: »Im Rahmen der Auswertung der Täterprofile wurde erstmals festgestellt, dass auch Frauen eine wichtige Täterrolle im internationalen Menschenhandel einnehmen. Dies ergaben die Kriminalstatistiken von 46 der untersuchten 155 Länder, die eine Auswertung nach Alter, Geschlecht und Nationalität der Menschenhändler zuließen. In 14 der 46 Länder wurden mehr Frauen als Männer strafrechtlich wegen Menschenhandels belangt.«[41] »In Osteuropa und Zentralasien stellen sie sogar über 60 Prozent der verurteilten Täter und Täterinnen. ›In diesen Gebieten ist es die Norm, dass es Frauen sind, die mit Frauen handeln‹, sagt Antonio Maria Costa, Exekutivdirektor des UNO-Büros für Drogen- und Verbrechensbekämpfung (UNODC).«[42]

Wirtschaftszweige

Ein Bericht der Internationalen Arbeitsorganisation schreibt in Bezug auf Deutschland: »Die folgenden Wirtschaftsbereiche fanden Erwähnung: Sexgewerbe, Haushaltsdienstleistungen einschließlich Au-pair-Tätigkeit, Landwirtschaft und Fleischverarbeitung, Restaurants und Gastronomie, Produktionsarbeiten in ›sweat shops‹, Jahrmärkte, Baugewerbe, Speditionen (Transport) und Verteilung von Werbebroschüren. Es wäre irreführend zu folgern, dass andere Branchen, die nicht erwähnt werden, nicht auch von Zwangsarbeit betroffen sind.«[43]

Allerdings fügt der Bericht einschränkend hinzu: »Die Wirtschaftssektoren, auf die Bezug genommen wird, sind diejenigen, auf die sich Lobbygruppen wie Gewerkschaften (wie im Fall der Bauwirtschaft, Fleischverarbeitung, Speditionsgewerbe) oder Nichtregierungsorganisationen (hauptsächlich Prostitution und Dienstleistungen im Haushalt) konzentrieren.

Auch die polizeilichen Behörden konzentrieren sich auf diese Bereiche und vernachlässigen andere. Einschlägige Informationen wurden zumeist von Beratungszentren, Gewerkschaften und Wohlfahrtsorganisationen, die sich auf gewisse wirtschaftliche Bereiche spezialisiert oder einen bestimmten ethnischen oder Länderschwerpunkt (...) haben, zur Verfügung gestellt.«[44] Dennoch ist es keine Frage, dass es typische Wirtschaftsbereiche gibt, in denen sich gehandelte Menschen vor allem finden.

Typische Wirtschaftsbereiche, in denen Sklaven und Sklavinnen beschäftigt werden (weltweit):

Hausarbeit
Babysitting
Hausreinigung (Putzen)
Hotels (Reinigung)
Gartenarbeit, Landschaftsgärtnerei
Landwirtschaft
Saisonarbeit
Casinos
Nagelstudios
Kleiderfabriken/Nähereien
Massagesalons
Schönheitssalons
Stripklubs

Das deutsche Bundeskriminalamt erläutert dazu: »Die hier erwähnten Branchen haben einige gemeinsame Merkmale. Die Jobs sind arbeitsintensiv, oft mit dreckiger Arbeit verbunden, erniedrigend und gefährlich. Die einheimischen Arbeitskräfte sind oftmals nicht bereit (oder gezwungen), sich den relativ schlechten Arbeits- und Entlohnungsbedingungen zu unterwerfen. Eine effektive Kontrolle dieser Wirtschaftsbereiche ist schwierig.«[45]

Opfer und Hauptrisikogruppen

»Das Büro der Vereinten Nationen für Drogen- und Verbrechensbekämpfung (UNODC) stellte 2009 seinen zweiten Bericht zum weltweiten Menschenhandel vor, der auf den Kriminalstatistiken von 155 Ländern sowie den Zahlen sozialer Einrichtungen und internationaler Organisationen (IOM, ILO, ECOWAS, Interpol, Europol u. a.) fußt. Die Daten umfassen den Zeitraum seit Inkrafttreten des UN-Protokolls gegen Menschenhandel bis 2007.«

Zusammenfassend ergibt der Bericht Folgendes über die Opfer des Menschenhandels: »Aufgrund der heterogenen Datenlage und der vermutlich hohen Dunkelziffer ist eine eindeutige Entwicklung des Phänomens nur schwer aufzuzeigen. Tendenziell verzeichnen die Verfasser des Berichts jedoch ein Ansteigen der Opferzahlen. Waren 2003 in 71 der 155 untersuchten Staaten rund 11 700 Personen vom Menschenhandel betroffen, stieg diese Zahl innerhalb der folgenden drei Jahre um 27 % auf 14 900 (2006) an. Aufgrund der zunehmenden Überwachung und Dokumentation des Menschenhandels erhöhte sich die Zahl der 2006 weltweit registrierten Opfer auf insgesamt etwa 21 400 Personen (in 111 Staaten). Vier Fünftel (79 %) der Opfer waren weiblich, ein Fünftel (21 %) männlich. Auch die Zahlen der betroffenen Minderjährigen sind in diesem Zeitraum deutlich gestiegen (2003: 14 %, 2006: 22 %). In der Mehrzahl der Fälle wurden die Opfer mit der Absicht der sexuellen Ausbeutung (79 %) und Zwangsarbeit (18 %) verschleppt und verkauft. (...) Andere Absichten wie Zwangsheirat, Organhandel, Kriegsdienst oder Kinderbettelei konnten nur in Einzelfällen nachgewiesen werden.«[46]

Hauptrisikogruppen für Menschenhandel[47]	
Alter	Unter 18-Jährige Junge Erwachsene bis 25 in Ausbildung Junge Frauen unter 30
Wohnort	Dörfer, Kleinstädte Migranten aus Dörfern in Kleinstädte oder von dort in Städte und Großstädte
Ausbildung	Keine oder niedrige Schuldbildung Kein weiterführender Schulabschluss Keine abgeschlossene Berufsausbildung
Arbeit	Arbeitslose (auch mit Berufsabschluss) Gelegenheitsarbeit und Kurzarbeit Migranten mit zeitweiser Beschäftigung Frauen in freiwilliger Prostitution Frauen in der Unterhaltungs- und Model-Industrie Gelegentlich Männer im selben Bereich Studenten im Ausland oder entfernt von zu Hause, die in Studentenheimen wohnen und in den Semesterferien arbeiten
Verhalten	Bereitschaft oder Absicht zur Migration, insbesondere bei Bereitschaft zu illegalen Wegen Bereitschaft, im Ausland zu arbeiten oder zu heiraten und Organisationen zu kontaktieren, die solches vermitteln Bereitschaft zum Risiko, insbesondere um Gewalterfahrung, Armut, häuslicher Gewalt oder Vergewaltigung zu entkommen
Zugehörigkeit zu sozialen, verletzbaren oder randständigen Gruppen	Kinder aus Risikofamilien (geringes Einkommen, Alkoholismus, nicht funktionierende Familien – etwa durch Scheidung, arme Alleinerziehende) und Opfer häuslicher Gewalt Waisenkinder, Kinder ohne elterliche Aufsicht oder aus Heimen Mädchen und junge Frauen aus Risikofamilien Drogenabhängige Alleinerziehende Mütter in Armut und deren Kinder Mütter größerer Familien Migranten und Flüchtlinge

Ethnische Zugehörigkeit	Angehörige ethnischer Minderheiten Ethnische Gruppen in sehr armen Ländern Ethnische Gruppen mit hohem Anteil krimineller Elemente oder solche, die dafür gehalten werden

Formen der Rekrutierung

Wie werden die Opfer von Menschenhandel rekrutiert? Waren es im Fall der Sklaverei vor dem 18. Jahrhundert vor allem Raub und Entführung, ist es heute vor allem die Vortäuschung von Einnahme- und Jobmöglichkeiten für arme Menschen. Menschen, die sich etwas erhoffen, sind leichter zu transportieren als Entführte bzw. Gefangene. Erst wenn die dann Enttäuschten durch Gewalt und Drohungen – gegebenenfalls auch durch Drogen oder andere Mittel – gefügig gemacht worden sind, reisen sie auch unter Zwang mit, ohne davonzulaufen.

Deswegen werden immer wieder Sklavinnen und Sklaven durch Anzeigen gewonnen, in denen Jobs, Einnahmequellen, Reisen oder eine Modelkarriere versprochen wird.

Ein leichtes Opfer sind dabei die 9,9 Mio. Menschen in Flüchtlingslagern, die rund ein Drittel der 32,9 Mio. sogenannten »Displaced Persons« darstellen. 72 % davon sind Frauen und Kinder. Diese Menschen sind bereit, alles zu glauben, um nur eine risikoreiche Chance auf ein besseres Leben zu haben.

Rekrutierungsmethoden in der Reihenfolge der Häufigkeit
- Betrug (z. B. falsche Angebote von Jobs, Einkommen, Karriere, Reisen, Ehe)
- Verkauf durch die eigene Familie
- Verführung oder Romanze (»Lover Boys«)
- Anwerbung durch frühere Sklaven
- Entführung
- Abstammung von Sklaven oder Zwangsprostituierten

Zur Anwerbung durch »Ehemalige« ist zu sagen: Sklaven, vor allem Sexsklaven, haben viele Mechanismen, sich mit ihrem Schicksal abzufinden. Dazu gehören fast immer Drogen und Alkohol, aber auch das Hervorheben der vermeintlich guten Seiten ihrer Lage kann eine solche Methode sein. Oft verlieren die Opfer jede Moralvorstellung und werden zu Verbündeten ihrer Besitzer, ähnlich wie manche Terroropfer sich mit Terroristen verbünden (»Stockholm-Syndrom«).

Von der Rekrutierung bis zur Ausbeutung – Stufen des Menschenhandels

1. Rekrutierung: Täuschung (Vertrauen gewinnen)
2. Transport (oft in zwei Schritten: Erst vom Land in eine Stadt mit gleicher Sprache, nach Gefügigmachung dann international in ein Land anderer Sprache, je nachdem welche Ethnizität wo gefragt wird)
3. Transport und Einreise in ein anderes Land (jede denkbare Form des Transportmittels)
4. Residenz und Kontrolle: Physische Gewalt (meist zugleich vor anderen Opfern), Vergewaltigung, psychologische Gewalt aller Art, Drohungen gegen die Familie

Ursachen und Gründe für die Zunahme

Die Gründe für die Sklaverei sind nach Kevin Bales »leichter Gewinn, fehlende oder unwirksame Strafen, Armut, restriktive Einwanderungsgesetze, fehlende Informationen der Betroffenen«.[48]

»Menschenhandel hat multiple Ursachen. Es besteht ein enger Konnex zwischen Menschenhandel und Migration, wenngleich nicht alle Opfer von Menschenhandel Migrantinnen oder Migranten sind. Zentrale Ursachen sind das wirtschaftliche Ungleichgewicht zwischen Herkunfts- und Zielländern sowie die gesellschaftliche Ungleichheit innerhalb der Herkunftsländer, auch die Nachfrage in den Zielländern, niedrige Risiken und immense Gewinne für die Täter sind Faktoren. Hinzu kommen traditionelle Geschlechterrollen und kulturelle Praktiken, Korruption, bewaffnete Konflikte und Post-Conflict-Situationen sowie restriktive Einwanderungspolitiken der Zielländer. Eine Wahrnehmung von Menschenhandel allein als Resultat organisierter Kriminalität und illegaler Migration greift daher zu kurz.«[49]

Dabei muss man zwischen drei Arten von Gründen unterscheiden:

1. Solchen, die grundsätzlich immer falsch sind, wie Korruption oder Unterdrückung von Frauen
2. Solchen, die falsche Entwicklungen enthalten, bei denen der Einzelne aber nicht falsch handelt, wie Abwanderung in die Stadt oder die Existenz von Aids-Waisen
3. Entwicklungen, die für sich unvermeidbar oder positiv sind, aber für das Böse ausgenutzt werden, wie die erweiterten Reisemöglichkeiten

Gründe für die Zunahme von Menschenhandel
- Globalisierung
- Weltweiter Tourismus
- Abnehmende Grenzkontrollen
- Immer weniger Kontrollen für den immer billigeren Verkehr
- Armutsgefälle
- Wanderung Land – Stadt
- Zunahme der Zahl der Waisen, etwa durch Aids
- Korruption
- Finanzierung von Bürgerkriegen und Terrorismus
- Billiger werdender Prostitutionssex
- Pornografie mit ihrer Ausrichtung auf genau die Formen von Sex, die sich jemand ohne Einbeziehung der Wünsche des Partners wünscht, oder auf abartige Formen der Sexualität

- Vietnamkrieg, weitere Kriege, selbst Friedenstruppen, die Großbordelle hinterlassen
- Frauenunterdrückung weltweit

Armut, Rassismus, Frauenunterdrückung

Wesentliche Motoren des Menschenhandels sind also Armut, Unterdrückung von Minderheiten und fehlende Rechte für Frauen. Hier muss dann eigentlich auch die Prävention weltweit einsetzen.[50]

»Die Armutsbekämpfung ist eine wichtige Präventionsmaßnahme im Kampf gegen Menschenhandel. Betroffene Frauen stammen überwiegend aus Ländern, die seit Jahrzehnten wirtschaftlich schwach sind oder sich in politischem Wandel befinden. Frauen sind häufig am stärksten von Arbeitslosigkeit, Niedriglöhnen, Gewalt und wirtschaftlicher Not betroffen. Durch die allgemeine Perspektivlosigkeit geraten die Frauen in Situationen, die von Menschenhändlern ausgenutzt werden können. Eine Familie, die ihre Kinder nicht ernähren kann, ist bereit, die Töchter (und manchmal auch die Söhne) wegzugeben in der Hoffnung, dass der Arbeitsvermittler ihnen eine gute Stelle als Haushaltshilfe oder in einer Firma besorgen kann. Eine alleinerziehende Mutter, die in ihrem Heimatland ihre Kinder nicht versorgen kann, ist bereit, ihr Glück anderswo zu suchen. Oft werden Frauen und Kinder dann Opfer von Menschenhändlern, die sie wie Ware behandeln und zum Beispiel auf Kakaoplantagen an der Elfenbeinküste oder in der kommerziellen Sexindustrie in Deutschland einsetzen.«[51] Extreme Armut macht risikobereit und diese Bereitschaft nutzen Verbrecher aus.

Menschenhandel hat oft auch rassistische Hintergründe.[52] Das gilt zum einen weltweit, da hinter der Vorliebe für Prostituierte bestimmter Länder oder mit bestimmtem Aussehen meist rassistische Gründe stecken, etwa, wenn nach Italien vor allem Prostituierte aus Nigeria verkauft werden.

Daneben trifft es Minderheiten hart, die auch sonst ausgebeutet und missachtet werden. Besonders betroffen sind etwa die 150 Mio. Dalits in Indien, die Tamang in Nepal, die Bergstämme in Thailand und Vietnam, die Karen in Burma, die Roma in Albanien, Rumänien und ganz Europa sowie die Gagausen in Moldawien.

Auf die Rolle der Frauenunterdrückung wird weiter unten eingegangen.

Migration

Ermöglicht wird der weltweite Menschenhandel durch die enormen Migrationsströme weltweit, vor allem aus ärmeren Gebieten in reichere. Das gilt innerhalb von Regionen ebenso wie von Kontinent zu Kontinent. Begünstigend wirkt außerdem die Globalisierung von Verkehr und Wirtschaft.

Noch nie waren so viele Menschen auf Wanderschaft wie heute – auch prozentual an der Weltbevölkerung gemessen nicht. Laut der letzten Zählung der United Nations Population Division hielten sich 2010 rund 213 Mio. Menschen, also etwa 4 % der Weltbevölkerung, dauerhaft in einem anderen als ihrem Heimatland auf, davon 70 Mio. in Europa, 61 Mio. in Asien und 50 Mio. in Nordamerika.[53] Weitere grob geschätzte 100 Mio. dürften nicht registriert oder illegal in fremden Ländern sein.

Dabei ist die Binnenwanderung nicht mitgerechnet. So sind allein in China in den letzten Jahren 150 Mio. Menschen vom Land in die Städte abgewandert. In den USA ziehen Afroamerikaner derzeit in großen Zahlen aus dem Norden wieder in den Süden. Und die berufliche Mobilität nimmt in allen Ländern ständig zu.

Außerdem fehlen die 16 Mio. offiziell anerkannten Flüchtlinge und Vertriebenen. Ebenso werden die legal Eingebürgerten nicht mitgerechnet, auch nicht die im fremden Land geborenen Kinder. Dazu ein paar weitere Zahlen: Im Jahr 2000 waren 38,5 Mio. (= 12,9 %) der US-Amerikaner außerhalb der USA geboren. Davon waren 44 % nach 1990 ins Land gekommen. In Europa leben ebenfalls etwa 30 Mio. (= 9,5 %) eingebürgerte Menschen, die im Ausland geboren wurden.

4. Warum ist die Strafverfolgung so schwer und erfolglos?

Die Strafverfolgung des Menschenhandels weltweit steckt noch in den Kinderschuhen. Das Büro der Vereinten Nationen für Drogen- und Verbrechensbekämpfung (UNODC) 2009: »Noch im Jahr 2003 galt Menschenhandel nur in etwas mehr als einem Drittel aller untersuchten Staaten als Straftat. Seit dem Inkrafttreten des UN-Protokolls haben viele Staaten ihre Bemühungen im Kampf gegen den Menschenhandel intensiviert. Bis zum November 2008 haben vier Fünftel aller in dem Bericht berücksichtigten Länder Menschenhandel unter Strafe gestellt und in ihre Strafgesetzbücher aufgenommen. Trotz der zunehmenden Verankerung des Straftatbestandes Menschenhandel in den nationalen Rechtsprechungen bleiben die Strafverfolgungszahlen niedrig. In 50 der untersuchten Länder kam es zwischen 2003 und 2007 zu keiner einzigen Anklage wegen Menschenhandels, in 91 Ländern mindestens einmal. Dementsprechend niedrig waren die Zahlen der Verurteilungen zwischen 2003 und 2007. In 62 Ländern kam es in diesem Zeitraum zu keiner Verurteilung, in 26 Ländern zu maximal zehn Schuldsprüchen pro Jahr und in 45 Staaten zu mehr als zehn Verurteilungen.«[54]

Warum ist das so? Europol nennt als Hauptgrund für die geringen Erfolge gegen Menschenhandel, dass die Strafverfolgung gegen dieses Verbrechen traditionell keine hohe Priorität hatte.[55]

Doch es gibt auch Gründe, die im Wesen des Menschenhandels begründet liegen: Armando García Schmidt schreibt: »Menschenhandel ist unsichtbar: Nicht nur die Verbrechen, auch die Opfer sind unsichtbar. Das Phänomen entzieht sich durch Transnationalität, spielt sich oft in ›ethnisch geschlossenen Räumen‹, immer aber am Rand der Gesellschaft und unter Ausschluss der Öffentlichkeit ab. Der volkswirtschaftliche Schaden ist nicht spürbar. Obwohl es sich um eklatante Menschenrechtsverletzungen handelt, gibt es keine politische Lobby der Opfer. In der öffentlichen Wahrnehmung der meisten europäischen Gesellschaften findet das Verbrechen nicht statt.«[56]

»Menschenhandel ist diffus: Menschenhandel ist überaus vielschichtig. So gibt es eine juristische Perspektive (Menschenhandel als Straftat), eine menschenrechtliche (Menschenhandel als Verletzung der Grundrechte), eine entwicklungspolitische (Menschenhandel als Folgeerscheinung falscher Globalisierungs- und Migrationspolitik) und eine soziale Perspektive (Schutz der Opfer). Vielfach finden die entsprechenden Diskurse nebeneinander statt. Dies bildet sich auch an der Ressortaufteilung auf nationalstaatlicher Ebene ab: In Deutschland beschäftigen sich je nach Aspekt drei verschiedene Ministerien«[57] mit Menschenhandel und jedes mit einer ideologisch anders besetzten Marschrichtung.

Die unselige Verquickung mit der Einwanderungspolitik

Besonders hinderlich ist, dass die meisten Staaten, insbesondere die westlichen Einwanderungsländer, den Kampf gegen Menschenhandel als Teil der Einwanderungspolitik sehen. In einem Bericht des Deutschen Instituts für Menschenrechte heißt es: »Von Menschenhandel Betroffene befinden sich in einem spannungsreichen politischen Feld zwischen Verbrechensbekämpfung, Migrationspolitik und Menschenrechten. In vielen Staaten, darunter auch Deutschland, liegt der Schwerpunkt der Maßnahmen und der Rechtsreformen noch immer auf der Strafverfolgung. Ein Menschenrechtsansatz ist noch nicht vollständig entwickelt worden.«[58]

102 Länder der Welt etwa haben noch keine Schutzgesetze gegen die einfache Abschiebung von Opfern von Menschenhandel,[59] weitere schieben trotz vorhandener Schutzgesetze trotzdem die meisten Opfer einfach ab, wenn sie nicht eigene Staatsbürger sind. Denn, so wieder Schmidt, »Menschenhandel

ist ideologiebesetzt: Auch wenn es immer mehr Menschen gibt, die innerhalb der EU ›gehandelt‹ werden, wird jede Diskussion über Menschenhandel mit der Frage nach Migrationspolitik und illegaler Einwanderung verbunden. (...) Der Menschenhandel nimmt zu, Opfer werden im Widerspruch zum Palermo-Protokoll und den EU-Dokumenten vielfach als illegale Migranten kriminalisiert. Nur mit vereinzelten Maßnahmen wird Ursachenbekämpfung in Herkunfts- und Zielländern betrieben. Aufdeckung und Verfolgung von kriminellen Strukturen des Menschenhandels bleiben Zufallsfunde.«[60]

Menschenschmuggel bzw. -schleusung kann in Menschenhandel münden, muss es aber nicht, wenn die Schleusung auf Wunsch des Betroffenen geschieht und er im Ankunftsland nicht unter Zwang gesetzt wird.

Maßnahmen, die die illegale Migration bekämpfen, sind für sich noch keine Maßnahmen gegen Menschenhandel. Sie erfassen nicht die vielen legal einreisenden Opfer von Menschenhandel und übersehen, dass sich Menschenhandel nicht bekämpfen lässt, wenn man die Opfer einfach nur ausweist und damit den Menschenschindern im Herkunftsland überlässt.

In Deutschland reist die Hälfte der bekannten ausländischen Menschenhandelsopfer legal ein. Oft kommt es auch vor, dass sich Opfer legal im Land aufhalten, ihre Ausweispapiere aber in der Hand der Menschenhändler sind. Bei einer Razzia können sie sich dann nicht ausweisen und werden entsprechend behandelt, obwohl sie eigentlich Papiere hätten. Die legale Einreise, etwa als Tourist, kann natürlich in irregulärer Migration enden, wenn der Betreffende länger als erlaubt bleibt oder zum Bleiben gezwungen wird.

Die Illegalität des Aufenthalts oder die Kontrolle anderer über die Ausweispapiere erhöht dann die Abhängigkeit und Verletzlichkeit für Ausbeutung. Menschenhandel kann aber auch eine völlig legale Fassade haben, etwa die Arbeit als Au-pair, Haushaltshilfe, Saisonarbeit oder gar die Ehe.

Schwierig kann die Abgrenzung sein, wenn irreguläre, aber freiwillige Migranten unter schlechten Arbeitsbedingungen leiden. Ab welchem Grad von Ausbeutung und Zwang hat das als Menschenhandel zu gelten?

Schlechter Zeugenschutz

Der Präsident des deutschen Bundeskriminalamtes, Jörg Ziercke, schreibt: »Menschenhandel ist ein Kriminalitätsphänomen, bei dem die Täter ein Abhängigkeitsverhältnis ausnutzen und ihre Opfer durch physische und psychische Gewalt gefügig machen. Die Aussagen der Opfer sind von zentraler Bedeutung, um gegen die Täter ermitteln zu können. Polizei und Fachberatungsstellen müssen Opfern, die sich aus eigenem Antrieb an die Polizei wenden wollen, möglichst umfassende Möglichkeiten zur Anzeigenerstattung schaffen – durch verstärkte Präsenz im Milieu, mehrsprachige Informationsblätter, gezielte Ansprachen. Im Rahmen der Befragung der Opferzeugen ist ein hohes Maß an Einfühlungsvermögen und interkultureller Kompetenz notwendig – neben Herkunft und Kultur muss dabei das oft sehr junge Alter der Betroffenen berücksichtigt werden. Unabdingbar ist auch, die Betroffenen umfassend zu beraten – damit sie die Polizei als eine unterstützende Einrichtung wahrnehmen können und genau über ihre Rechte und Möglichkeiten informiert sind. Ebenso müssen wir die Betroffenen umfassend vor Gewalt schützen.«[61]

Das deutsche Bundeskriminalamt selbst schreibt: »Die Schwierigkeiten im Umgang mit mutmaßlichen Opfern aus Rumänien und Bulgarien liegen insbesondere in deren mangelnder Bereitschaft, mit der Polizei und den Beratungsstellen zu kooperieren. Anfänglich gewonnene Zeugenaussagen werden oftmals zurückgezogen, insbesondere wenn die Opferzeuginnen während der Ermittlungen auf eigenen Wunsch in ihr Heimatland zurückkehren, sodass die justizielle Aufarbeitung der Menschenhandelsdelikte erheblich erschwert bzw. unmöglich wird. Die Strafverfolgungsbehörden sind zunehmend mit dem

Phänomen der sich legal aufhaltenden, mit Steuernummer als selbstständige Dienstleisterinnen versehenen Prostituierten aus diesen beiden Staaten konfrontiert. Deren objektiv betrachtete Lage legt oftmals den Verdacht des Menschenhandels nahe, der strafrechtliche Nachweis ist aber aufgrund der fehlenden Personalbeweise schwierig zu führen.«[62]

Ähnlich sehen es andere Fachleute: »Der Fokus von Behörden auf den anhand einfacher Tatsachen festzustellenden illegalen Aufenthalt oder die illegale Beschäftigung führt dazu, dass Opfer von Menschenhandel nicht identifiziert werden. Zugleich bedient die mediale Darstellung ein Bild von gekidnappten, verschleppten und eingesperrten Menschenhandelsopfern. In einer Vielzahl von Fällen jedoch entscheiden sich die Betroffenen zur Migration; erst während des Migrationsprozesses kommt es zu einem Kontrollverlust, der in Verhältnisse extremer Abhängigkeit führt. Auch in den Zielländern bilden die Fälle, in denen die Betroffenen vollkommen isoliert und zum Beispiel rund um die Uhr eingesperrt werden, wohl die Ausnahme. Häufig wird die Kontrolle vielmehr über Schuldknechtschaft, die Bedrohung der Familie im Herkunftsland, Einschüchterungen im Hinblick auf deutsche Behörden oder die Wegnahme von Dokumenten ausgeübt. Es scheint daher sinnvoll, bei der Abgrenzung den Fokus auf die Beschränkung des Selbstbestimmungsrechtes zu legen: Menschenhandel liegt dann vor, wenn aus Sicht der Betroffenen keine reale Exit-Option aus der ausbeuterischen Situation besteht.«[63]

Wer bezahlt für Zwangsprostituierte, die Anzeige erstatten oder ›auffliegen‹? Lediglich als Zeugen für Gerichtsverfahren sind sie ›finanzierbar‹, andernfalls werden sie so schnell wie möglich abgeschoben. So gehen der Polizei viele Zeugen verloren, etwa wenn ein Prozess gegen einen Menschenhändler erst später beginnt und die meisten der Opfer längst das Land verlassen haben.

Davon, dass bei Rückkehr in die Heimatländer meist keiner die Garantie übernehmen kann, dass die Opfer nicht sofort wieder in die Sklaverei gezwungen werden, wollen wir gar nicht erst sprechen. Das Wissen, dass in der Regel die Abschiebung die einzige Reaktion der Behörden ist, selbst wenn erkennbar ist, dass es sich um Zwangsprostitution handelt, hält viele Opfer davon ab, Anzeige zu erstatten.

Das im Auftrag der Bundesregierung wirkende Deutsche Institut für Menschenrechte in Berlin hat in einer Untersuchung sehr kritische, aber grundlegende Vorschläge gemacht, wie der Kampf gegen Menschenhandel durch Stärkung der Lage der Opfer verbessert werden kann. Hier ein Auszug: »Programme für Integration, Schutz und Rückkehr von Betroffenen des Menschenhandels müssen die Menschenrechte der Betroffenen wahren. Sie dürfen weder diskriminierende noch faktisch freiheitsentziehende Wirkungen entfalten. Die Wahrnehmung von Menschenrechten, etwa der Zugang zu Gesundheitsleistungen, darf nicht an die Teilnahme an derartigen Programmen gekoppelt werden. Die Einhaltung dieser Standards in der Behandlung von Betroffenen muss der Staat auch gewährleisten, wenn er die Unterbringung, Beratung und Rückkehrbegleitung von Menschenhandelsopfern privaten oder zwischenstaatlichen Organisationen überlässt.«[64] »Dazu sollten in Deutschland zunächst die Voraussetzungen des vorübergehenden Aufenthalts für Betroffene von Menschenhandel nach § 25 Abs. 4a AufenthG gelockert und ein Aufenthalt für Betroffene auch für andere Zwecke – etwa der Durchsetzung von Lohn- und Entschädigungsansprüchen oder der Rehabilitation bei Traumatisierungen – ermöglicht werden. Dadurch könnte die menschenrechtlich fragwürdige Beschränkung des Zugangs zu spezialisierten Angeboten auf Opferzeuginnen aufgelöst werden. Entsprechend sollte die öffentliche Finanzierung der nichtstaatlichen Fachberatungsstellen nicht länger auf die Begleitung von Opferzeuginnen beschränkt werden.«[65]

Korruption

Leider gehört zum Menschenhandel auch die Korrumpierung von Behörden und Polizei. Nun müsste man ausführlich darauf eingehen, dass in vielen Ländern des globalen Südens die Menschenhändlernetzwerke auf eine weit verbreitete Korruption zurückgreifen können. Auch für Osteuropa ist bekannt, dass die Polizei teilweise so korrupt, ja bisweilen selbst in den Menschenhandel direkt verstrickt ist, dass Opfer prinzipiell nicht bereit sind, mit der Polizei zu sprechen. In Ländern wie Indien ist die Verwaltung so korrupt, dass Fälle von Visaverkauf noch nicht einmal in den Medien zum Thema werden, geschweige denn in parlamentarischen Untersuchungsausschüssen. In Indien ist es ziemlich einfach, für Menschenhandelsopfer gefälschte Pässe und Visa als Bürger eines anderen Landes zu erhalten und die Opfer mit diesen um die Welt reisen zu lassen.

Aber ich habe mich entschlossen, an dieser Stelle den Visaverkauf durch Botschaften Deutschlands und seiner Nachbarländer an Menschenhändler als Beispiel anzuführen. Es kann sich dann jeder selbst ausrechnen, wie es erst in Ländern ohne funktionierenden Rechtsstaat oder mit unterbezahlten Polizisten oder Richtern aussieht.

Ein Ende 2004 eingesetzter Untersuchungsausschuss des Deutschen Bundestages sollte die zehntausendfache Erschleichung von Visa zwischen 1999 und 2002 in Osteuropa aufklären. Auslöser war vor allem, dass das Landgericht Köln einen Angeklagten wegen »bandenmäßiger Menschenschleusung« zu fünf Jahren Gefängnis verurteilte und dabei urteilte, dass das deutsche Außenministerium den Straftaten durch »schweres Fehlverhalten Vorschub geleistet« habe. Vor allem in Kiew (Ukraine) und Priština (Kosovo) nutzten kriminelle Netzwerke die lockere Visaausgabe und die Bestechlichkeit von Mitarbeitern. Innerhalb der Botschaft sollen etwa korrupte Kräfte den Visa-Computer des Auswärtigen Amtes ausgetrickst haben: Auch wenn jemand auf einer Warnliste stand, bekam er in

Priština ein Visum ausgestellt. Wirklich aufgeklärt wurde die ganze Sache nie, weil es vor allem um Parteipolitik und die Verantwortlichen in Berlin ging, nicht um die nötige Aufdeckung von Menschenhändlernetzwerken.[66]

Nach Recherchen des Spiegel[67] wurden 2010 in deutschen Botschaften in Afrika, Südamerika und Osteuropa Visa systematisch gegen Bestechungsgelder ausgestellt. Dem Bericht zufolge werden sogenannte Ortskräfte beschuldigt, das heißt Mitarbeiter in den Konsularabteilungen aus dem jeweiligen Land, in den vergangenen zwei Jahren systematisch Visa für die Einreise nach Deutschland erteilt zu haben, die offenkundig auf falschen Angaben basierten. Angeblich waren daran keine Deutschen beteiligt. Allerdings sollen die Auftraggeber in Deutschland gesessen haben, ein klarer Hinweis auf Menschenhandel. Es ist zu befürchten, dass das Ganze so wenig gründlich aufgeklärt wurde wie die ältere Visaaffäre.

Österreich erlebte 2008 seinen eigenen Großprozess gegen Botschaftsmitarbeiter einschließlich eines Generalkonsuls, die in Belgrad und Budapest Visa an Menschenhändler verkauften. Die Mitarbeiter, die das 2001 und 2002 gemeldet hatten, wurden erst beschwichtigt (»der Minister hat sich persönlich vor Ort versichert, dass alles in Ordnung ist«), dann selbst Ziel von Ermittlungen. Die Generalkonsulin, die dem Konsul folgte und alles aufdecken wollte, wurde kurzerhand nach Polen versetzt. Der kriminelle Konsul machte dafür an der nächsten Botschaft ungestört weiter – in Belgrad wurden mit 8 000 Visa zehnmal so viele Visa pro Jahr ausgegeben wie sonst, davon wohl mehr als 7 000 an kriminelle Netzwerke. Als es dann Jahre später doch zum Prozess kam, war der Konsul schon tot, nur sein Vize wurde zu 3,5 Jahren Haft verurteilt. Der Richter gab jedoch vor allem dem Außenministerium die Schuld, das trotz offensichtlichster Anzeichen nicht einschritt. Bereits 2006 war der österreichische Konsul in Nigeria für 700 irreguläre Visa zu 2 Jahren verurteilt worden.

Die Schweiz deckte 2006 Dreiecksgeschäfte zwischen ihrer Botschaft in Pakistan, Reisebüros und einem Menschenhändlerring auf.

Ein belgischer Angestellter des Protokolldienstes des Außenministeriums verkaufte 300 Aufenthaltserlaubnisse an die russische Mafia.

Was hier über Deutschland und seine Nachbarländer berichtet wurde, gilt auch für andere westliche Länder. In den 1990er-Jahren gab es in der US-Botschaft in Prag ein enges Netzwerk zwischen Visaabteilung und tschechischen Menschenhändlern in die USA. In Guyana wurde im Jahr 2000 ein Mitarbeiter des US-Außenministeriums verhaftet, der 1,3 Mio. $ mit dem Verkauf von Visa verdient hatte. 2005 flog ein Visahändlerring in der US-Botschaft in Mexico City auf, in den Dutzende von Zoll- und Grenzbeamte verstrickt waren.

II. Ausbeutung der Arbeit und sexuelle Ausbeutung

Es gibt grundsätzlich zwei Arten des Menschenhandels. »Bei Menschenhandel zum Zweck der sexuellen Ausbeutung (§ 232 StGB) und Menschenhandel zum Zweck der Ausbeutung der Arbeitskraft (§ 233 StGB) handelt es sich um unterschiedliche Deliktsausprägungen, die auch hinsichtlich des Bekämpfungsansatzes (z. B. Verdachtsgewinnung und Beweisführung) in weiten Teilen differenziert betrachtet werden müssen.«[68] Die sexuelle Ausbeutung macht zwar rund 80 % des Menschenhandels aus, soll aber anschließend als Zweites behandelt werden.

1. Menschenhandel zur Arbeitsausbeutung (ohne sexuelle Ausbeutung)

Alte und neue Sklaverei
Die Sklaverei zur Arbeitsausbeutung, die der klassischen Sklaverei vor dem 18. Jahrhundert entspricht, existiert nach wie vor, auch wenn sie inzwischen weltweit verboten wurde, so zuletzt 1962 in Saudi-Arabien und 1970 in Oman.

Sklaverei bedeutet heute, durch physische oder psychische Gewalt oder Drohung zur Arbeit gezwungen zu werden, dabei wie ein Besitz be- und gehandelt zu werden – obwohl rechtlicher Besitz vermieden wird – und an der freien Bewegung gehindert zu werden.

Die verbreitetste Form ist heute die Schuldknechtschaft (engl. *bonded labour, debt bondage*): Es wird vorgegeben, mit der Zwangsarbeit müssten Schulden der Familie, für Reisekosten, Ausweispapiere, Arbeitsbeschaffung oder Arbeitsmaterial abgezahlt werden. Es handelt sich meist um erfundene Kosten oder Wucherzinsen. Oft sind die vermeintlichen Schulden für die Arbeitsmittel höher als das »Gehalt«. Sie trifft besonders viele Kinder. Aus meiner Sicht handelt es sich hier meist um Menschenhandel, weil Täuschung und Ausbeutung und Ortswechsel im Spiel sind.

Unterschiede zwischen alter und neuer Sklaverei[69]	
Sklaverei bis 19. Jahrhundert	Sklaverei heute
Nicht globalisiert (außer Transport über See)	Globalisiert
Legaler Besitz	Legaler und illegaler Besitz vermieden
Langzeitbeziehung	Kurzzeitbeziehung
Rassenunterschiede wichtig	Rassenunterschiede weniger wichtig
Hoher Kaufpreis	Sehr geringe Kaufpreise
Niedrige Gewinne	Sehr hohe Gewinne
Potenzielle Sklaven knapp	Potenzielle Sklaven in Fülle
Sklaven werden lange gehalten	Sklaven jederzeit ersetzbar

Die älteste Menschenrechtsorganisation der Welt, die britische Organisation »Anti-Slavery International«, rechnete mit einem sehr weiten Begriff von Sklaverei bereits für 1990 mit 100 Mio. Sklaven weltweit.[70] Zwischen 1450 und 1900 wurden demgegenüber schätzungsweise 11,7 Mio. Sklaven aus Afrika versklavt, von denen 9,8 Mio. im Bestimmungsland ankamen.

Der führende Forscher in Bezug auf die heutige Sklaverei, Kevin Bales, geht mit einer sehr exakten Definition von Sklaverei von 27 Mio. Sklaven weltweit aus. Das wären dann mehr als zu jeder anderen Zeit der Geschichte und mehr, als je in

350 Jahren Geschichte verschleppt und versklavt wurden.[71] Sie ist heute mehr oder weniger versteckt, da sie überall illegal ist, kann aber teilweise recht problemlos von Experten und Journalisten aufgespürt werden.

Laut den Untersuchungen von Bales und anderen finden sich 20 Mio. der Sklaven in Südasien, davon 10 Mio. in Indien, und zwar in der Hauswirtschaft, in Zwangsehen, in Zwangsprostitution und in Schuldknechtschaft, letztere vor allem in Ziegelbrennereien, Reismühlen und in der Landwirtschaft.[72] 80 % der Sklaven werden privat gehalten, 20 % von staatlichen Institutionen oder Bürgerkriegsarmeen. 8,4 Mio. Sklaven sind Kinder, davon arbeiten 5,7 Mio. Es sind 1,8 Mio. Kinder in Prostitution und Pornografie gefangen, 0,6 Mio. in kleinkriminellen Banden, 0,3 Mio. als Kindersoldaten, insgesamt 1,2 Mio. weltweit verschleppt.

800 000 Menschen werden jährlich über internationale Landesgrenzen hinweg gehandelt, 80 % davon Frauen, 50 % Kinder.[73] Davon ist kein Kontinent ausgenommen, auch Europa nicht![74]

In den USA leben 40 000 Sklaven, 49 % davon in der Sexindustrie, 27 % in der Hausarbeit und 10 % in der Landwirtschaft. Laut Regierung der USA werden jährlich 14 000–17 500 Sklaven in die USA verschleppt.[75]

Die Lagogai Research Foundation geht davon aus, dass in China eine Mio. Menschen in 1 045 Lagern Zwangsarbeit verrichten, die zur UN gehörende ILO gibt ihre Zahl mit 260 000 an.[76]

Mit die schlimmste Sklaverei findet sich ironischerweise gerade in der Dominikanischen Republik unter den Haitianern, obwohl dies das einzige Land ist, in denen es afrikanischen Sklaven gelang, die Regierung zu übernehmen. Etwa eine Mio. Sklaven arbeiten dort immer noch auf den Zuckerplantagen.

Ein UN-Report von 1981 nannte bereits Mauretanien als Land, in dem die Sklaverei ungebrochen weiter existiere. In arabischen Ländern sind vor allem die Ölmillionäre und die

Oberschicht in Sklaverei aller Art verstrickt, von der Haushaltshilfe bis zum Sextourismus weltweit. Kuwaits Sklaverei wurde etwa vor allem durch Kuwaiter in London bekannt, deren Sklaven davonliefen und sich bei der Polizei meldeten.[77] Ironischerweise hat die UNO und insbesondere die USA durch den ersten Golfkrieg durch die Verteidigung von Kuwait geholfen, eine Sklavenhaltergesellschaft zu erhalten.[78] Die Sklaverei in Afrika und in den islamischen Ländern Nordafrikas ging zwar in den 1960er Jahren stark zurück, blüht aber rund um die Sahara, namentlich in Mauretanien, Mali, Niger, Sudan und Tschad, nach wie vor, wobei die Besitzer meist muslimische Araber, die Sklaven meist Schwarze sind.

In Niger, Mauretanien, Mali und anderen Gegenden Westafrikas gibt es sogar noch Sklaverei von Geburt an, das heißt: Nachkommen von Sklaven gelten automatisch als Sklaven und werden schon als Kinder zur Sklavenarbeit gezwungen.

Sklaverei im Haushalt

Die Sklaverei im Haushalt (engl. *domestic servitude*) macht nur 1–2 % der Sklaverei weltweit aus, dürfte aber die Sklaverei mit der höchsten Dunkelziffer sein. Ihre Kennzeichen:

Einbehalt der Ausweispapiere (sofern vorhanden), schlechte Arbeitsbedingungen (z. B. keine Freizeit), kein oder kaum Gehalt, Verletzung der Menschenrechte (Schlagen, sexueller Missbrauch), schlechte Schlafbedingungen, Täuschung über Rechtslage, Drohung mit Polizei und Ausländerbehörde.

Exkurs: Menschenhandel und Sklaverei in der Bibel

Das Alte und Neue Testament wenden sich unmissverständlich gegen Menschenhandel. »Wer einen Menschen raubt und ihn verkauft oder er wird in seiner Gewalt gefunden, der soll auf jeden Fall sterben« (2. Mose 21,16; eigene Übersetzung). »Wenn jemand gefasst wird, der einen Menschen von seinen Brüdern, den Israeliten, raubt und ihn gewalttätig behandelt oder ihn verkauft: dieser Dieb soll sterben, damit du das Böse aus deiner Mitte wegschaffst« (5. Mose 24,7; eigene Übersetzung). In der Liste der Gesetzesbrecher finden sich bei Paulus auch die »Sklavenhändler« (1. Timotheus 1,9f). Und die Offenbarung des Johannes schließt die Sklaverei in ihre Analyse der Fehler ein, die Babylon durchdringen; Fehler, um deretwillen die Stadt gerichtet wird (Offenbarung 18,13).

Dem wird schnell entgegengehalten, dass die Bibel Sklaverei dulde. In Bezug auf das Alte Testament ist das infrage zu stellen. Der Begriff »Sklave« in den Bibelübersetzungen ist missverständlich, weil allzuleicht die grausame Sklaverei der Griechen, Römer, Muslime, Europäer und Amerikaner in das Alte Testament hineingelesen wird. Man sollte deswegen besser von »Knecht« und »Magd« sprechen. »Der hebräische Ausdruck für Sklave, 'ebed (pl. 'avadim) ist eine direkte Ableitung von dem Verb 'bd, ›arbeiten‹: somit ist der ›Sklave‹ einfach ein Arbeiter oder Diener. Der 'ebed unterscheidet sich vom angestellten Arbeiter (sakhir) in dreierlei Hinsicht: er erhält kein Gehalt für seine Arbeit; er ist ein Mitglied des Haushalts seines Herrn (vgl. 1. Mose 24,2; 3. Mose 22,11 und unten); und sein Herr übt die väterliche Gewalt über ihn aus (...).«[79] Die rechtliche Stellung der Knechte in Israel gegenüber anderen Völkern war außerordentlich gut. Das zeigt sich schon daran, dass es kein eigenes Wort für »Sklave« gibt, sondern dafür dasselbe Wort wie für »Arbeiter« verwendet wird. Der jüdische Gelehrte Benno Jacob will deswegen für das alttestamentliche Israel ganz auf den Begriff »Sklaverei« verzichten, denn »ein Sklave auf Zeit ist ein juristischer Widersinn«[80], ebenso wie ein Gesetzeskatalog, der Rechte der Sklaven festlegt. Alttestamentliche Knechte konnten jederzeit von anderen freigekauft werden, sich selbst freikaufen und mussten bei schlechter Behandlung – etwa bei Schlägen – freigelassen werden.

Zum Neuen Testament sei nur kurz gesagt: Paulus sagt tatsächlich einerseits, dass ein Sklave (im Sinne der römisch-griechischen Welt) vollwertiger Christ sein kann und auf Gott vertrauen soll. Daraus eine Befürwortung der Sklaverei abzuleiten, ist aber falsch, denn derselbe Paulus empfiehlt andererseits die Freilassung und hat selbst Sklaven freigekauft: »Jeder bleibe in dem Stand, in dem er berufen wurde [also den er hatte, als er Christ wurde]. Bist du als Sklave berufen worden, so lass es dich nicht kümmern, *wenn du aber frei werden kannst, mach umso lieber Gebrauch davon*. Denn der als Sklave im Herrn Berufene ist ein Freigelassener des Herrn, ebenso ist der als Freier Berufene Sklave Christi« (1. Korinther 7,20-22; Hervorhebungen vom Autor, eigene Übersetzung). Im Philemonbrief setzt sich Paulus vehement für die Freilassung eines Sklaven ein.

In der frühen Kirche waren Sklaven Bischöfe und innerhalb der Kirche gleichberechtigt. Es war kein Wunder, dass sich trotz aller Windungen und Irrungen im Christentum der Gedanke durchsetzte, dass Gott völlig gegen die moderne Sklaverei sei und alle Sklaven befreit werden müssten. Und es war kein Wunder, dass gerade eine streng bibelbezogene Bewegung wie die Evangelikalen in England und dann in den USA der wichtigste Motor für die Bewegung gegen Sklavenhandel und Sklaverei war. Unter der Führerschaft von William Wilberforce konnten sie beides schließlich im britischen Parlament durchsetzen.[81]

Kinderhandel

Pakistanische Terroristen kaufen Kinder als Selbstmordattentäter von Familien, marxistische Rebellen in Nepal finanzieren sich durch den Raub und Verkauf von Mädchen nach Indien. Afrikanische Rebellen handeln Kinder gegen Waffen und zwingen sie dazu, als Kindersoldaten zu kämpfen. In Albanien kostet ein Neugeborenes bis zu 5 000 €. Allerdings ist noch viel zu wenig erforscht, welche Gruppen sich durch Menschenhandel finanzieren.

Tausende Jungs in den Arabischen Emiraten wurden als Kameljockeys aus Pakistan, Bangladesch, Sudan und Mauretanien verschleppt. In Haiti schicken arme Familien ihre Kinder in reiche Familien, wo sie oft 14 Stunden am Tag im Haushalt arbeiten und häufig missbraucht werden. Die haitianische Regierung schätzt ihre Zahl auf 90 000 bis 120 000, die ILO 250 000 und UNICEF 300 000. In Pakistan arbeiten 500 000 Kindersklaven in der Teppichindustrie, in Indien 300 000.

Allein in Wien geraten rund 500 Kinder jährlich in die Fänge von Kinderhändlern.[82] In Deutschland sind Berlin, Hamburg und Stuttgart die wichtigsten Ziele von Kinderhändlern. Jeder kann zum Beispiel in Frankfurt auf dem Straßenstrich minderjährige Jungen aus der Tschechischen Republik, Polen und Rumänien ausfindig machen. Solche Jungen sind am »billigsten« in den tschechischen Grenzstädten zu Deutschland zu haben.

Hier ein typisches Beispiel aus der Zeitung: »Zwei mutmaßliche Menschenhändler sind der Bundespolizei am Düsseldorfer Flughafen ins Netz gegangen. Ein 39-jähriger Mann mit syrischem Pass hatte zwei Kinder von Syrien nach Deutschland geschleust, wie die Bundespolizei gestern mitteilte. Die beiden zwei und drei Jahre alten Jungen wurden inzwischen in die Obhut des Jugendamts gegeben und in ein Heim gebracht. Gegen den 39-Jährigen und einen weiteren Mann wird nun wegen des Verdachts des Menschenhandels ermittelt. Am Flughafen war der 39-jährige Syrer einer Beamtin aufgefallen: Am Vortag hatte sie dessen Personalien bei der Einreise in Anwesenheit von drei Kindern überprüft. Am Folgetag wollte der Mann aber nur mit einem Kind – seiner eigenen Tochter, wie sich später herausstellte – nach Griechenland reisen, wo er lebt. Mit Hilfe eines Übersetzers fand die Polizei heraus, dass der Mann die beiden Jungen für 3 000 Euro und mit Pässen seiner eigenen Kinder illegal von Syrien nach Deutschland gebracht hatte. Am Flughafen Düsseldorf sei er mit den Kindern abgeholt und mit einem Auto in eine andere Stadt gefahren worden, die er nicht kenne. Anschließend habe man ihn mit seiner Tochter in ein Hotel gebracht, um am anderen Tag von Düsseldorf nach Griechenland auszureisen. Die Aussagen des Mannes führten die Polizei schließlich in eine Wohnung in Mönchengladbach: Dort fanden die Polizeibeamten die beiden zwei und drei Jahre alten Jungen im Beisein eines 30-Jährigen.«[83]

Der Kinderhandel hat folgende *»Verwendung« für die Kinder*:

- Ausbeutung der Arbeitskraft
- Sexuelle Ausbeutung (Prostitution und Pornografie)
- Illegale Tätigkeiten wie Betteln, Einbruch, Verkauf von Markenfälschungen und Drogenhandel
- Adoption
- Heirat
- Organentnahme

Kindersoldaten

Eine spezielle Form des Kinderhandels und der Ausbeutung von Kindern sind die sogenannten Kindersoldaten. Folgende Länder sind in Sachen Kindersoldaten laut Außenministerium der USA (aufgrund des Child Soldiers Prevention Act von 2008) führend: Burma, Tschad, Demokratische Republik Kongo, Somalia, Sudan und Jemen.

Wofür werden Kindersoldaten eingesetzt?
- Als Sexsklaven

- Als Haushälterinnen
- Als Spione
- Als Frontkämpfer
- Als harmlos wirkende Attentäter (auch zur Täuschung der Medien, wenn die Kinder erschossen werden)
- Als Selbstmordattentäter
- Als Minensucher und -auslöser

2. Kinderhandel zur sexuellen Ausbeutung

Da wir zuletzt über Kinder als Opfer gesprochen haben, beginnen wir mit dem Thema der sexuellen Ausbeutung ebenfalls bei den Kindern, zumal die beiden Arten der Ausbeutung bei Kindern oft zusammenhängen. Die Kinderarbeit in Bars, als Straßenverkäufer oder Hausmädchen ist nämlich oft die Vorstufe zur Zwangsprostitution.

Kindersex

Kinderhandel, Prostitution mit Minderjährigen und Kinderpornografie hängen aufs Engste zusammen. Es wäre naiv zu meinen, kinderpornografische Darstellungen würden überwiegend gestellt. Selbst wenn die Eltern beteiligt sind, ändert das nichts daran, dass es hier um sexuelle Ausbeutung mit Gewinnabsicht geht. Kinderpornografie, Kindersex und Kinderhandel haben sich zu riesigen Märkten mit enormen Gewinnspannen entwickelt. Die Ermittlungsbehörden sind dagegen machtlos, vor allem durch fehlende oder schlechte personelle und technische Ausstattung, aber auch aufgrund von Gesetzen, die den Tätern entgegenkommen, wie das Verbot der Vorratsspeicherung von elektronischen Daten in Deutschland. Es ist deswegen berechtigt, dass bei UN-Konferenzen, in Berichten und in der Literatur die Themen Kinderhandel, Kinderprostitution und Kinderpornografie gemeinsam behandelt werden.

Laut Amnesty International werden 500 000 Mädchen und junge Frauen jährlich nach Europa verschleppt.[84] In Thailand[85], Brasilien und Indien[86] werden vor allem Kinder versklavt, viele dabei im Prostitutionsgewerbe.[87]

Kindersextourismus

Ohne den enormen Tourismus und den meist sehr freizügigen Grenzübertritt für Touristen gäbe es den »Sextourismus« im heutigen Umfang nicht und vor allem auch keine Pilgerstätten für Pädophile oder BDM-Sex. Für jede noch so merkwürdige sexuelle Perversität werden heute nicht nur lokal Treffen organisiert oder Spezialbordelle unterhalten, sondern auch Reisen weltweit organisiert.

Es geht dabei um Millionen von kindlichen Prostituierten. Der durch diese Sklaverei ermöglichte Sextourismus wird ein immer wichtigerer Bestandteil des westlichen Tourismus und der Deviseneinnahmen von Ländern des globalen Südens. Mit der weltweiten Zunahme der öffentlichen Homosexualität und der Gay-Prostitution geraten auch immer mehr Jungen in diese Sklavenmühle.

Die deutsche Polizei informiert Touristen so: »Millionen von Kindern werden weltweit sexuell ausgebeutet. Laut Schätzung des Kinderhilfswerks der Vereinten Nationen (UNICEF) sind rund zwei Millionen Mädchen und Jungen zwischen 14 und 18 Jahren in der Prostitution tätig. Zu den wesentlichen Ursachen der Kinderprostitution gehören in vielen Ländern Armut und soziale Probleme. Entgegen weitläufiger Annahmen betrifft der Sextourismus mit Kindesmissbrauch indes nicht nur ferne, exotische Reiseziele, sondern auch Länder in Europa. Wie viele der jährlich auf circa 200 000 bis 400 000 geschätzten deutschen Sextouristen sexuelle Kontakte zu Minderjährigen haben, lässt sich bislang nur grob schätzen. Der Anteil dürfte deutlich über fünf Prozent liegen, so die Ergebnisse einer 1995 veröffentlichten Studie des damaligen Bundesministeriums für Gesundheit. Die Dunkelziffer im Bereich des Kindersex-Tourismus ist außerordentlich hoch; Straftaten in diesem Deliktsbereich werden nur in den seltensten Fällen angezeigt. Kindersex-Touristen nutzen die Existenznöte der Kinder und ihrer Familien skrupellos aus. Armut und das Fehlen eines Schulabschlusses oder einer Berufsausbildung bringen viele Kinder dazu, ihren Körper zu verkaufen – u. a. eben auch an zahlungskräftige Reisende! Die Folgen: Die Opfer haben oft unter schweren psychischen und physischen Schäden zu leiden. Dazu zählen: Geschlechtskrankheiten, HIV-Infektionen, Drogenmissbrauch, Depressionen, ja sogar Suizide. Es gilt also gemeinsam aktiv zu werden, um insbesondere der kommerziellen Ausbeutung von Kindern das Terrain zu entziehen.«[88]

Wählen wir als Beispiel Thailand: 1984 hatte Thailand 2 Mio. Touristen, 2003 waren es 11 Mio. Von den 11 Mio. waren 7,3 Mio. alleinreisende Männer. Wie viele davon auf illegalen Sex auswaren, ist nicht bekannt. World Vision hat eine Untersuchung für Kambodscha durchführen lassen, wo 65 % der Touristen alleinreisende Männer sind. 20 % gaben an, die Reise mit dem Ziel angetreten zu haben, Sex zu bekommen, der zu Hause nicht erhältlich ist.

Tausende von Pädophilen – vor allem aus Deutschland, Niederlande, USA, Frankreich, Norwegen und Kanada – leben dauerhaft in Thailand, namentlich in Pattaya. Die niederländische Regierung ließ das in Bezug auf ihre eigenen Staatsbürger genauer untersuchen. Offiziell leben 15 000 Holländer in Thailand, fast alle in Pattaya. Tatsächlich aber sind es 50 000, die meisten pensioniert, viele einschlägig vorbestraft.

Erst in 32 Staaten kann man für Sex mit Kindern bestraft werden, auch wenn die Tat im Ausland geschah und in dem besuchten Land nicht strafbar ist.

In etlichen asiatischen Ländern wie Japan, China, Korea und Taiwan gilt Sex mit einer Jungfrau als das Höchste und soll Glück und wirtschaftlichen Erfolg bringen. (Die Angst vor Aids tut ein Übriges.) Oft werden dieselben Mädchen dabei mehrfach als Jungfrau verkauft. Deswegen kaufen reiche »Kunden« die Mädchen oft direkt von den Eltern. Es sind Fälle bekannt geworden, in denen Japaner oder Chinesen armen asiatischen Eltern seit der Geburt eines Mädchens den Lebensunterhalt bezahlen, um sie dann eines Tages als Jungfrau übernehmen zu können. (In der Internetpornografie sind Webseiten mit angeblichen Jungfrauen, die erstmals Sex haben, sehr beliebt, obwohl natürlich keiner den Wahrheitsgehalt überprüfen kann. Das heizt diese Entwicklung an.)

Und Europa beziehungsweise Deutschland? Zwei Beispiele müssen genügen. »Minderjährige Frauen gehen nicht nur in Asien und Afrika, sondern auch in Westfalen der Prostitution nach. Darauf hat Pfarrerin Ute Hedrich (Dortmund) vom Amt für Mission, Ökumene und kirchliche Weltverantwortung der Evangelischen Kirche von Westfalen gegenüber idea hingewiesen. (...) Die in Dortmund zugezogenen bis zu 700 Prostituierten stammen aus Bulgarien und sind teilweise sehr jung. (...) Bei den Migranten aus dem bulgarischen Ort Plovdiv, die derzeit Dortmund ›überrollten‹, handele es sich um Angehörige der dortigen Roma-Minderheit, sagte Streetworkerin Gisela Zohren von der Dortmunder Mitternachtsmission gegenüber idea. Viele der Frauen verdienten ihr Geld mit Prostitution. Manche seien zwar mit dem Wissen um diese Tätigkeit nach Deutschland gekommen, würden nun aber gegen ihren Willen weiter zur Prostitution gezwungen. Unter den Prostituierten seien auch manche Minderjährige, teilweise mit gefälschten Pässen. Die Kontaktaufnahme zu den Frauen gelinge der Mitternachtsmission über muttersprachliche Streetworker, manchen Frauen könne beim Ausstieg geholfen werden, so Zohren. Der Mitternachtsmission als christlich-diakonischem Träger brächten die überwiegend muslimischen Frauen großes Vertrauen entgegen.«[89]

»Der Bericht ›Kinder auf dem Strich‹ ist das Ergebnis jahrelanger systematischer Beobachtungen, Gespräche und Interviews. Die Autorin kennt die Prostitutions- und Drogenszene im deutsch-tschechischen Grenzgebiet durch ihre tägliche Arbeit als Streetworkerin für das Sozialprojekt KARO. Ihr Bericht zeichnet zum ersten Mal ein umfassendes Bild der sexuellen Ausbeutung von Kindern in dieser Region durch – vorwiegend deutsche – Sextouristen. Er zeigt das Ausmaß des von organisierten Zuhälterringen betriebenen Geschäfts und die Lebensumstände ihrer Opfer. Im deutsch-tschechischen Grenzgebiet hat sich ein florierender Markt für Kindersex entwickelt. Seit 1996 sind etwa 500 Mädchen und Jungen beobachtet worden, die sich selbst zur Prostitution anboten oder von Erwachsenen angeboten wurden, die Jüngsten davon waren noch im Säuglingsalter. Das Sozialprojekt KARO arbeitet seit 1994 auf beiden Seiten der deutsch-tschechischen Grenze.«[90]

Zwangsprostituierte, die an Aids sterben, hinterlassen weltweit oft minderjährige Kinder, die als Waisen von den Zuhältern gleich in der Prostitution eingesetzt werden, oft jünger als zehn Jahre. Diese Kinder haben nie etwas anderes kennengelernt.

[Tipps für Touristen, die sexuelle Ausbeutung von Kindern beobachten, finden sich in Teil III]

Behinderte Kinder

Behinderte Kinder sind besonders gefährdet, insbesondere wenn sie keine Eltern haben, die sich intensiv um sie kümmern. In Thailand stieß UNICEF auf Bordellbesitzer und Menschenhändler, die gezielt nach tauben und stummen Mädchen suchen ließen, weil diese sich nicht beschweren und nichts ausplaudern können.

Kinder mit sichtbaren Körperbehinderungen, die von ihren Familien ohnehin oft als Belastung angesehen werden, werden als Bettler auf die Straßen geschickt. In Ländern wie Indien, in denen bettelnde Menschen zum Straßenbild gehören, ist längst nicht mehr zu unterscheiden, wer »freiwillig« und auf eigene Rechnung bettelt und wer als Sklave oder Sklavin nur Menschenhändlerringe finanziert.

3. Frauenhandel zur sexuellen Ausbeutung

Unterdrückung der Frau

In Indien werden jährlich 15 000 Frauen im Zusammenhang mit Streit über die Brautgabe getötet. In Indien und China werden Mädchen in Massen abgetrieben. In Afrika werden jährlich 2 Mio. Genitalverstümmelungen an Frauen durchgeführt. In vielen islamischen Ländern dürfen Frauen nicht ohne männliche Begleitung ausgehen oder nicht Auto oder Fahrrad fahren. Die Liste von grausamer Unterdrückung von Frauen ließe sich beliebig fortsetzen. Nur vor diesem Hintergrund ist die sexuelle Ausbeutung und Zwangsprostitution von Frauen und Mädchen zu verstehen – auch wenn zu einem kleineren Teil auch Jungen und junge Männer betroffen sind.

Die afrikanische Literaturnobelpreisträgerin Wole Soyinka nennt als Beispiel für Sklaverei das von der CNN-Journalistin Christiana Ananpour enthüllte System in Ghana, nach dem ein Mädchen als Braut der Götter als Sklavin eines Priesters zu leben hat, bis sie nicht mehr schön ist. Der Priester schuldet ihr nichts, sie schuldet ihm alles, Vergewaltigung ist dabei die Regel.[91]

Zwangsehe

Bei der Zwangsehe geht es selten einfach um eine Ehe, in der die Ehefrau immer zu gehorchen und zu arbeiten hat, was schon schlimm genug wäre. Meist geht es um die scheinlegale Vertuschung einer kostenlosen Haushaltshilfe oder Sklavin. Die Frau hat noch fast Glück gehabt, wenn sie wenigstens zur Erzeugung von Nachwuchs geehelicht wurde.

Gut untersucht wurde etwa die Zwangsverheiratung von Frauen, die aus Nordkorea flüchten und an chinesische Männer verkauft werden, oder Vietnamesinnen, die als Zweitfrauen für Vietnamesen in die USA gehandelt werden.

Zwangsprostitution

Zwangsprostituierte »bedienen« in der Regel 20 bis 30 sogenannte Kunden am Tag bei 12 bis 14 Stunden Arbeitszeit ohne freie Tage oder Urlaub. Es sind aber auch viele Fälle mit längeren Arbeitszeiten und 60 bis 70 Kunden am Tag dokumentiert. Auch bei Krankheit, Menstruation oder Schwangerschaft gibt es keine Pause. Dazu kommen die Folgen von Schlägen und Nahrungsentzug sowie von Geschlechtskrankheiten wie Aids – Folge fehlender Kondomnutzung.

Wer sich für die Gleichberechtigung der Frau einsetzt, nicht aber den weltweiten Handel von Frauen und Mädchen zur Prostitution anprangert, macht sich unglaubwürdig. Denn nirgends werden Frauen mehr entwürdigt und der Macht von Männern ausgeliefert, und das auch mitten in freien, demokratischen Ländern. Eigentlich müsste die Gleichberechtigungsklausel im deutschen Grundgesetz allein Anlass dafür sein, den Kampf gegen Menschenhandel und Zwangsprostitution in Deutschland enorm aufzustocken und zu einem der primären Ziele für Innen-, Arbeits- und Familienministerium zu machen.

Denn nichts stellt die Gleichberechtigung mehr in Frage, als dass Millionen Männer täglich für Vergewaltigung bezahlen und sich für ein paar Euro das Recht erkaufen, Frauen so zu behandeln, wie sie wollen oder wie sie es im Internet oder Filmen gesehen haben, und sie zu erniedrigen und zu bedrohen.

Dass es Zwangsprostitution auch in Deutschland gibt, mag man kaum glauben. »Detlef Ubben ist Chef der Abteilung Menschenhandel beim Hamburger Landeskriminalamt, er schätzt: ›95 Prozent der Prostituierten sind Zwangsprostituierte.‹ Was bedeutet das? Ubben: ›Diese Frauen arbeiten nicht auf eigene Rechnung und nicht selbstbestimmt. Wenn sie sich verweigern, setzt eine brutale Gewaltkulisse ein.‹ Den Frauen blieben nur zehn Prozent des Lohnes.«[92]

Wenn die deutschen Freier in Deutschland nicht finden, was sie suchen, oder Angst haben, bei illegalen Arten der Prostitution erwischt zu werden, und sie keine Zeit oder Geld für eine Reise nach Asien haben, weichen sie auf die Tschechische Republik an der deutschen Grenze entlang aus. »Der alltägliche Sklavenmarkt. Man kann den brutalen Handel mit Frauen nicht nur in den Städten, sondern vor allem auch in der Provinz aufspüren, am besten dort, wo noch immer die Schengengrenze die Welt der Wohlhabenden von den ärmeren Teilen Europas trennt. An der deutsch-tschechischen Grenze bei Cheb etwa. Abends leuchten Schilder mit der Aufschrift ›Täglich frische Mädchen!‹. Vor einem Container mit dem Schriftzug ›Thaimassage‹ steht ein Auto mit Kindersitz. Ein schwangeres Roma-Mädchen am Straßenrand winkt den Vorbeifahrenden. Die Fenster der Häuser sind mit schwarzen Folien verklebt. Ganze Dörfer scheinen nur noch aus Bordellen zu bestehen. 100 000 deutsche Freier, so die Schätzungen der Behörden, kommen jährlich hierher. Manche Busse tragen die Aufschrift ›Ficken Tour‹. Wo Deutschland endet, nehmen sich Deutsche alle Freiheiten heraus.«[93]

Wie hoch der Anteil der Zwangsprostituierten unter den Prostituierten in Deutschland ist, ist ein Politikum und schwer umstritten. Aber dass es wenigstens die Hälfte sein dürfte, ist offensichtlich. Das bedeutet: *Jeder Freier, der eine Prostituierte aufsucht, hat eine Chance von 50 zu 50, dass er es mit einer Sklavin zu tun hat!*

Der afrikanische Frauenhandel in Europa – so die umfangreichen Untersuchungen zweier österreichischer Forscherinnen – liegt in der Hand von Zuhälterinnen («Madames»), überwiegend selbst ehemalige Sklavinnen.[94] Vor dem Wiener Messegelände kann jeder lange Reihen von schwarzen Mädchen und Frauen aus Nigeria sehen. Die Methode: Frauen verschulden sich durch hohe Beträge für Miete, Essen und Kleidung, die sie nicht zurückzahlen können. Der beste Druck ist dabei der »Pakt mit der Familie zu Hause in Afrika«[95] und »das wirksamste Mittel (...) magische Rituale«[96]. Ein wirkliches Interesse der Behörden, diese Art der Sklaverei auszutrocknen, können die Forscherinnen nicht feststellen: »Nur allzu oft spielt der Staat den Menschenhändlern in die Hände.«[97] »Seltsam auch, dass wir nach einigen Monaten der Recherche die Madames identifizieren können, während die Polizei offenbar im Dunkeln tappt.«[98]

Armeen als Prostitutionsschleudern

Bekannt ist, dass nie häufiger vergewaltigt wird als in Kriegszeiten durch Soldaten.[99] Selten thematisiert wird jedoch, dass Armeen immer schon und immer noch das Prostitutionsgewerbe enorm ankurbeln, ja oft erst schaffen und auch nach Abzug hinterlassen.[100] Schon die japanischen Truppen ebenso wie die deutsche Wehrmacht und afrikanische Warlords zwangen Frauen, als Sexsklavinnen ihre Soldaten »bei Laune zu halten«. Eine verheerende Wirkung in punkto Prostitution haben aber beispielsweise auch die UN-Friedenstruppen, die gar nicht in Kampfhandlungen verwickelt sind.

Zu Beginn des Vietnamkrieges 1957 gab es in Thailand schätzungsweise 18 000 bis 20 000 Prostituierte. 1964 und vier Militärbasen später waren es bereits 400 000. Und es ist kein Zufall, dass die ansonsten unattraktive Hotel- und Hafenstadt Pattaya, wo die US-Soldaten Kampfurlaub machten, bis heute Bangkok als Großbordell den Rang abläuft.

Überall, wo nennenswerte Zahlen von Soldaten stationiert wurden, sprangen Bordelle wie Pilze aus dem Boden. Dabei sind Soldaten nicht nur Freier, sondern kriminelle Elemente unter ihnen organisieren Prostitution und Zwangsprostitution oder bringen diese unter ihre Kontrolle. Das war so etwa in Kambodscha, Bosnien und im Kosovo.

»Menschenrechtsorganisationen sehen in der Stationierung von UN-Truppen die Ursache für stark steigenden Frauenhandel zur Zwangsprostitution in den jeweiligen Regionen. So war zum Beispiel der Kosovo seit Entsendung von ›internationalen friedenserhaltenden Kräften‹ (KFOR) und Einrichtung der Übergangsverwaltungsmission der Vereinten Nationen im Kosovo (UNMIK) zum Hauptziel für Frauen- und Mädchenhandel geworden, und die Zahl an registrierten Etablissements, in denen

Frauen als Zwangsprostituierte arbeiten müssen, kräftig gestiegen. Ergriffene Gegenmaßnahmen sind nach Auffassung von Menschenrechtsorganisationen nicht ausreichend. Verschärft wird die Situation durch die Immunität der Soldaten, die sie im Falle von Menschenrechtsverletzungen vor gerichtlicher Verfolgung schützt.«[101] Im Kosovo stieg die Zahl der Bordelle auf das Zehnfache. UNMIK hat dann schließlich das Problem inzwischen zugegeben und einige Maßnahmen beschlossen, so eine schwarze Liste von 200 Bars und Nachtklubs, die UN-Mitarbeiter und Soldaten nicht besuchen dürfen, oder im Jahr 2000 eine Spezialeinheit gegen Frauenhandel und Prostitution eingerichtet. Das Ganze blieb jedoch recht erfolglos.

Zwei feministische Lager

Zur Frage der Zwangsprostitution gibt es eine weltweit heftig geführte Debatte, die vor allem die feministische Bewegung in zwei unvereinbare Lager spaltet.

Die einen sehen die freiwillige Prostitution als Akt der Befreiung der Frau von enger Sexualmoral an und werten die Prostituierte als »Sexarbeiterin« (engl. *commercial sex workers* – CSW), wie man sie heute politisch korrekt zu nennen hat.[102] Prostitution müsse deswegen deutlich von Zwangsprostitution unterschieden werden, die erstere geschützt, zweitere bekämpft werden. Diese Sicht hat sich weltweit bei der UN durchgesetzt und bestimmt etwa die Gesetzgebung in Deutschland.

Das andere Lager sieht Prostitution an sich als Beispiel für die Unterdrückung von Frauen durch Männer an und will sie deswegen abschaffen. Dabei sollen aber nicht die Opfer, also die Prostituierten, bestraft werden, sondern die Täter, die Männer.[103] Diese Sicht wird von vielen führenden deutschen und internationalen Organisationen gegen Frauen- und Menschenhandel vertreten, so von SOWODI, der »Coalition against Trafficking in Woman« (CATW) und der »European Women's Lobby« (EWL).[104] Sie bestimmt auch das nordische Modell, das am Beispiel von Schweden weiter unten vorgestellt wird.

Auch in der deutschen feministischen Bewegung gibt es einen erbitterten Kampf. Auf der einen Seite stehen die Befürworter der Prostitution, die diese als normale Tätigkeit und Ausdruck der sexuellen Befreiung und des Selbstbestimmungsrechtes von Frauen sehen. Ihnen gegenüber stehen die Gegner der Prostitution, die diese prinzipiell als Unterdrückung von Frauen ansehen. Auf Seiten der Gegner wird das deutsche Prostitutionsgesetz als Katastrophe gesehen und das nordische Modell, nach dem nur die männlichen Käufer von Sex bestraft werden, befürwortet – allen voran von Alice Schwarzer.[105]

»Dreh- und Angelpunkt der Debatte über Sexarbeit und Frauenhandel ist die Frage, ob Prostitution freiwillig sein kann.«[106] Zum einen ist da natürlich die Frage, ab wann Zwang beginnt. Wenn Prostituierte für mehr Geld auf Kondome verzichten, ist das dann noch freiwillig oder schon Zwang? Zum anderen zeigt die Lebensgeschichte der meisten Prostituierten, dass sie früh selbst Gewalt oder Vergewaltigung erlebt haben. Deswegen ist die Frage zu stellen, ob Zwang immer nur in der akuten Situation entsteht oder nicht auch durch die Umstände gegeben sein könnte. Schließlich gebe ich den Gegnern der Prostitution recht, dass Prostitution davon lebt, dass der Mann hier bestimmen und ausbeuten darf und Frauen wie Ware behandelt. Viele Männer geben offen zu, dass es ihnen zu mühsam ist, um eine Frau zu werben und/oder sie gleichberechtigt zu behandeln. Sie wollen einfach, dass die Frau beim Sex tut, was man ihr sagt. In offenen Freierblogs und -chats[107] wird kaum einmal etwas Illegales zugegeben. Trotzdem ist die Haltung der meisten hier schreibenden Freier eindeutig. Sie wollen etwas Bestimmtes und diskutieren, wo und wie sie das am besten bekommen und wo die Erwartungen nicht erfüllt werden.

Im Übrigen: Das geläufige Argument, wir brauchten Bordelle, weil die Freier sonst Frauen vergewaltigen würden, ist unbewiesen. In Ländern mit freier Prostitution ist die Vergewaltigungsrate nicht niedriger. Es zeigt aber, dass ein Bewusstsein vorhanden ist, wie eng Vergewaltigung und Prostitution verwandt sind.

Malka Marcovich hat in einem ausgezeichneten Artikel[108] beschrieben, wie aus der Forderung der feministischen Bewegung, Prostitution abzuschaffen und Freier zu bestrafen, die moderne Forderung wurde, »Sexarbeit« anzuerkennen und nur die Zwangsprostitution zu bekämpfen, was dann aber tatsächlich nur noch sehr schwer möglich ist.

1866 entstand unter Josephine Butler, Tochter und Gattin streitbarer Gegner der Sklaverei, die Forderung der Abschaffung der staatlich kontrollierten Prostitution. Prostitution sei Sklaverei, verantwortlich seien die männlichen Kunden. Die Bewegung siegte in Großbritannien ab 1883 und in internationalen Abkommen 1904, 1910, 1921, 1933 sowie schließlich 1949 mit der »Konvention zur Unterdrückung des Menschenhandels und der Ausnutzung der Prostitution anderer« der Vereinten Nationen, der leider jeder Kontrollmechanismus fehlte. Auch die »Konvention zur Beseitigung jeder Form der Diskriminierung von Frauen« der Vereinten Nationen von 1979 folgte dieser Marschrichtung. 1988 schlossen sich weltweit einschlägige Organisationen zur Coalition Against Trafficking in Women (CATW) zusammen, die bis heute die klassische Forderung aufrechterhält.

Doch seit 1950 beginnen Umdeutungsversuche des Begriffes »Prostitution«, seit 1973 lautstark vorangetrieben von der durch die amerikanische Pornoindustrie unterstützten Organisation »Coyote«. Jetzt heißt es, man müsse Prostitution legalisieren, um Ausbeutung und Zwangsprostitution zu verhindern. Seit 1980, so Marcovich, gibt es in der UN und weltweit einen »Krieg um Wörter«[109]. In den 1990er Jahren baute die Sexindustrie Organisationen auf, die offiziell Aids bekämpfen, aber dazu die Anerkennung der Prostitution fordern. Die UN-Weltkonferenz für Menschenrechte 1993 bedeutet den Wendepunkt, weil jetzt der Begriff »Zwangsprostitution« aufgenommen wurde. Seitdem gibt es ein Recht darauf, sich zu prostituieren. 1997 verlangte die traditionsreiche Organisation »Anti Slavery International«, die im 19. Jahrhundert führend die Sklaverei bekämpfte, die Anerkennung von Sexarbeit als Arbeit und die Änderung bzw. Neudefinition aller einschlägigen älteren UN-Konventionen. Mit dem Palermo-Protokoll der UN von 2000 ist es amtlich: Menschenhandel setzt Zwang voraus (zumindest bei Volljährigen), weswegen Prostitution an sich herausfällt. 2001 entschied der Europäische Gerichtshof für Menschenrechte, dass Frauen aus Osteuropa ein Recht auf Arbeit in der Sexindustrie in der EU haben.

Prostitution allgemein

Siddharth Kara hat ausführliche Berechnungen angestellt, welcher Anteil der Männer wenigstens einmal im Jahr eine Prostituierte aufsucht. Er kommt auf 6-9 % der männlichen Weltbevölkerung über 18 Jahre.[110]

Aufgrund weniger Beispiele von Prostituierten, die in den Medien von ihrem Beruf schwärmen, entsteht oft das Bild, dass Prostituierte glücklich und zufrieden ihre Freiheit ausleben können. Für die Masse der Prostituierten, die unmittelbar dazu gezwungen werden, gilt das aber nicht. Die meisten »zwingen« nämlich ihre Lebensumstände oder ihre üblen Vorerfahrungen. Dabei geht es mir nicht darum, das Thema Prostitution zur Frauenverachtung zu nutzen. Wie ich noch ausführen werde: Bestraft gehören die Männer und wenn es keine Männer gäbe, die sich an der Ausnutzung von Frauen und anti-partnerschaftlichem Sex erfreuen würden, gäbe es die ganze Sexindustrie nicht.

Von 475 interviewten Prostituierten in fünf Ländern gaben 73 % physischen und 62 % sexuellen Missbrauch (Vergewaltigung) an. 2002 befragte das kanadische Justizministerium Prostituierte in Calgary. 86 % hatten als Minderjährige mit der Prostitution begonnen. Eine Studie in Portland (Oregon) kam zu dem Ergebnis, dass 85 % der Prostituierten Opfer von Inzest waren, 90 % waren Opfer physischer Gewalt. In Hull

(Großbritannien) wurde eine groß angelegte Studie unter Prostituierten durchgeführt. 21 % waren als Kinder physisch, 27 % sexuell missbraucht worden. 46 % der Prostituierten waren in Heimen aufgewachsen, 40 % hatten keinen Schulabschluss.[111]

Die Sexindustrie, die es auch in allen Formen als Zwangssexindustrie gibt, umfasst: Pornografie, Live-Sex im Web, Telefonsex, Cyber-Sex, Fetischclubs, Lap-Dancing, Swinger-Clubs, Eskort-Unternehmen, Sextouren in Entwicklungsländer. Alles gibt es in heterosexueller, homosexueller und transsexueller Form.

Was bedeutet das konkret für eine deutsche Großstadt? Das Projekt TAMPEP führte 2005 Gespräche mit 500 Prostituierten in Hamburg. 90 % waren Frauen, 8 % Transsexuelle und 2 % Männer. 45 kamen aus Deutschland, der Rest aus 27 verschiedenen Ländern. An der Spitze standen Thailand (137), Russland (76), Indonesien (35), Polen (35) und die Dominikanische Republik (33). 177 kamen aus Asien, 163 aus Osteuropa, 82 aus Lateinamerika, 7 aus Westeuropa (außer Deutschland), 7 aus Afrika. Insgesamt arbeiten in Hamburg 2 300 »Sexarbeiterinnen«.[112]

Fügen wir noch weitere Daten aus derselben Studie an: Käufliche sexuelle Dienstleistungen werden im Hamburg vor allem in 350 Wohnungen an 290 Adressen mit jeweils 1–3 Frauen angeboten. 2005 gab es 40 entsprechende Clubs und Bars, darunter sechs Edenclubs und sieben Sado-Maso-Clubs. Dazu kamen 60 Stundenhotels, vier Laufhäuser, 50 Sexshops und -kinos. 900 Internetangebote waren speziell auf Hamburg zugeschnitten. Dazu kommt der Straßenstrich (meist mit deutschen Drogenabhängigen) und Massagesalons (meist mit Thailänderinnen und Transsexuellen).

Das nordische Modell (Schweden usw.)

»In Schweden gilt ein weltweit einmaliges Gesetz: Kauf und Vermittlung von sexuellen Diensten sind verboten, während der Verkauf von Sex legal bleibt. Zuhälter müssen mit bis zu sechs und Frauenhändler mit bis zu zehn Jahren Gefängnis rechnen. ›Es geht darum, die Nachfrageseite, die Freier, zu kriminalisieren, und nicht darum, seelisch und körperlich ausgenutzte Frauen hinter Gitter zu bringen‹, sagt der Stockholmer Kriminalinspektor Jonas Trolle. Umstritten ist dieses Gesetz in Schweden heute kaum noch. 80 % der Bevölkerung teilen die Ansicht des Polizeibeamten Trolle. Als das Sex-Kaufverbot 1999 durch eine Mehrheit aus Sozialdemokraten, Grünen und Linken im schwedischen Reichstag verabschiedet wurde, widersprachen vor allem konservative Parlamentarier. Sie gaben zu bedenken, dass ein solches Verbot die Prostitution in den Untergrund verdrängen und den Frauen das Leben erschweren würde. (...) Doch die Bilanz kann sich sehen lassen. ›Wir haben heute deutlich weniger Prostitution als unsere Nachbarländer, auch wenn wir berücksichtigen, dass ein Teil im Verborgenen geschieht‹, sagt Trolle. ›In Stockholm sind nur noch zwischen 105 und 130 Frauen aktiv – Internet und Straßenstrich zusammengenommen. In Oslo sind es 5000.‹ Kaum ein EU-Land hat heute weniger Probleme mit Menschenhandel. Laut Polizei werden heute 400 bis 600 Ausländerinnen im Jahr zur Prostitution nach Schweden gebracht.«[113]

Während in unseren Schulen im Sexualkundeunterricht noch die ganz große Freiheit verkündigt wird, hat Schweden, Vorreiter der sexuellen Revolution, längst einen anderen Weg eingeschlagen: »(...) Das Sex-Kaufverbot soll auch ein gesellschaftliches Umdenken bewirken: In jeder Grundschule lernen die Kinder, dass es unrecht ist, Frauen für Sex zu kaufen. ›Die kommende Generation in Schweden wird so etwas für noch viel seltsamer halten, als wir es heute tun‹, glaubt Kriminalinspektor Trolle. (...) Helena Cewers. Die Krankenschwester arbeitet seit über fünfzehn Jahren in einer Aufnahmestation für drogenabhängige Frauen in Malmö und kennt nahezu alle Stricherinnen der Stadt. Noch vor ein paar Jahren war Cewers radikal gegen die Kriminalisierung der Freier. (...) ›Inzwischen wird aber endlich mehr für die Mädchen getan. Es gibt mehr Sozialdienste, die Prostituierten aktiv helfen, aus ihrem Dilemma herauszukommen.‹ Auch Entzugsprogramme mit Methadon und Ähnlichem seien nun schneller für Prostituierte zu bekommen. Jetzt ist auch die Krankenschwester im Prinzip für das Sex-Kaufverbot. Für sie gehört Prostitution abgeschafft. ›Es stimmt: Glückliche Huren gibt es nicht. Die meisten, die ich im Laufe der Jahre hier kennengelernt habe, wurden schon in ihrer Jugend durch Verwandte sexuell missbraucht und haben große psychische Probleme‹, sagt sie. ›Da ist wenig Freiwilligkeit.‹ Wer länger dabei ist, nehme Drogen oder Beruhigungsmittel. ›Das ist kein normaler Beruf. Ich wünsche allen, dass sie da wieder rauskommen.‹«[114] Oben wurden weitere Fakten genannt, die diese Sicht unterstützen.

Mitte 2010 veröffentlichte die schwedische Regierung einen Bericht, in dem die ersten zehn Jahre der Anwendung des Gesetzes evaluiert werden. Unter anderem wird berichtet:

- Die Straßenprostitution ist auf weniger als die Hälfte zurückgegangen.
- Es gibt keine Belege dafür, dass dieser Rückgang zu einer Zunahme anderer Formen der Prostitution geführt hätte.
- Es wurden in allen größeren Städten umfangreiche Beratungsstellen für Prostituierte eingerichtet.
- Bei anonymen Umfragen geben viel weniger Männer als früher an, sexuelle Dienste zu kaufen.
- Mehr als 70 % der Schweden unterstützen die Prostitutionsgesetze.

Erste Erfolge gibt es auch in Norwegen und Island, wo 2009 ähnliche Gesetze in Kraft traten. Finnland folgte 2004 in abgeschwächter Form. Gefolgt sind dieser Marschrichtung übrigens auch die Philippinen 2003 (wenn auch mit geringer Bereitschaft, dieses Recht tatsächlich durchzusetzen), Südkorea 2004 und Litauen 2005.

Verblüffend ist der Unterschied zu Dänemark, das mit der alten Gesetzgebung weiterhin große Probleme mit der Zunahme von Menschenhandel hat.

Der Irrsinn des deutschen Prostitutionsgesetzes

Deutschland erklärte 2002 die Prostitution zu einem normalen Beruf, ähnlich gaben die Niederlande Prostitution bereits 2000 völlig frei. In beiden Ländern hat die Prostitution zugenommen und beide Länder haben keinerlei Fortschritte in Sachen Frauen- und Menschenhandel aufzuweisen. »Wie von Seiten der Fachverbände und Expertinnen befürchtet und dem Anfang 2007 veröffentlichten Bericht des Bundesministeriums für Familie, Senioren, Frauen und Jugend (BMFSFJ) über die Auswirkungen des 2002 in Kraft getretenen Prostitutionsgesetzes zu entnehmen ist, konnten die vom Gesetzgeber intendierten Zielsetzungen – Verbesserung der Arbeitsbedingungen, Zurückdrängen der Begleitkriminalität, Erleichterung des Ausstiegs und die Erzielung einer größeren Transparenz des Rotlichtmilieus – nur zu einem Teil und in einem ersten Schritt erreicht werden (...) Hoffnungen auf manche Verbesserungen hinsichtlich der Arbeits- und Lebensbedingungen als auch Befürchtungen im Hinblick auf eine erschwerte Strafverfolgung haben sich, dem Bericht zufolge, nicht bewahrheitet.«[115] Die Innenminister der Bundesländer haben längst parteiübergreifend Alarm geschlagen, dass die Polizei kaum noch sinnvolle Kontrollmöglichkeiten hat.

In Deutschland, Österreich und der Schweiz ist Prostitution grundsätzlich legal. (In der Schweiz etwa macht sich sogar ein Freier, der wissentlich Verkehr mit einer 16- oder 17-Jährigen hat, nicht strafbar, auch die Prostituierte selbst darf das. Der Zuhälter aber macht sich strafbar.)

In allen drei Ländern gibt es dabei keinerlei wirkliche Fortschritte im Kampf gegen Zwangsprostitution. Doch das nordische Modell dürfte in diesen Ländern keine Chance haben: Zu groß ist die Lobby aus vielen männlichen Politikern, aus Sozial- und Sexualwissenschaftlern, aus Lobbyisten der verdienenden Wirtschaftszweige und aus Journalisten, deren Medien mit der Pornoindustrie verbunden sind, als dass das Thema auch nur frei diskutiert werden könnte.

Völlig unbehelligt bleiben hier die Kunden, bei denen man eigentlich für die Gesetzgebung Strafverfolgung und Unterbindung ansetzen müsste. »Der Markt schafft Frauenhandel.«[116] »Ohne Kunden, denen das Schicksal der Frauen, die sie mieten, egal ist, gäbe es keine Zwangsprostitution und keinen Frauenhandel.«[117] Nach Befragungen der Kunden kommen die Forscherinnen zu dem Schluss: »Dass Frauenhandel eine Grundlage für den Straßenstrich ist, weiß man als Freier.«[118]

III. Praktischer Teil

1. Was kann der Einzelne gegen den Menschenhandel tun?

Tipps für jedermann

Da die Bekämpfung des Menschenhandels auch im konkreten Einzelfall weder ohne Beratungsstellen noch ohne Polizei und Behörden möglich ist, scheinen die Möglichkeiten des Einzelnen begrenzt. Wer zudem nicht selbst Prostituierte aufsucht oder in Branchen arbeitet, in denen man vermehrt mit Menschenhandel in Berührung kommt, etwa auf Großbaustellen, wird selten unmittelbar auf Anzeichen von Menschenhandel stoßen.

Allerdings gibt es durchaus Fälle, wo jedermann Menschenhandel und Sklaverei erkennen und anzeigen kann. Dies gilt für Touristen im Ausland, die Kindersextourismus begegnen (siehe die Tipps unten), ebenso wie für merkwürdige Beobachtungen bei Angestellten im gastronomischen Gewerbe, in Hotels oder Privathaushalten mit Haushaltshilfen in unseren Ländern.

Welche Haushaltshilfen wirken wie gezwungen, arbeiten zu ungewöhnlichen Zeiten und werden offensichtlich bedroht oder geschlagen?

Welche Ehefrauen mit Migrationshintergrund deutscher Ehemänner wirken wie eingekaufte Angestellte?

Erste Warnzeichen für Haushaltssklaverei

- Türen der Hausangestellten schließen von außen, nicht von innen.
- Hausangestellte verlassen nie das Haus, z. B. sonntags zum Gottesdienst.

- Die Hausangestellten haben keine Freunde und machen nichts mit anderen gemeinsam.
- Die Hausangestellten unterhalten sich nie mit Besuchern.
- Schlösser und Sicherungsanlagen des Grundstücks sind weniger gegen Einbrecher als gegen Ausbrecher von innen gerichtet.
- Fenster werden so verschlossen, dass niemand aus dem Fenster steigen kann.
- Babysitten rund um die Uhr.

Da die Chancen der Betroffenen ohne Mithilfe von engagierten Bürgern und Beratungsstellen sehr gering sind, mit ihnen aber wesentlich größer, sind wir alle gefordert.

Zudem darf man nicht unterschätzen, wie wichtig es ist, dass möglichst viele Bürger das Thema warmhalten und die allgemeine Betroffenheit fördern. Deswegen:

- Weisen Sie Mitmenschen auf die Problematik hin.
- Fordern Sie von den Medien stärkere und bessere Berichterstattung, z. B. durch Leserbriefe.
- Bedrängen Sie Politiker und Entscheidungsträger durch Weitergabe von Informationen, Ansprache, Nutzen von Sprechstunden und Briefen.
- Kämpfen Sie gegen die deutsche Prostitutionsgesetzgebung an und fordern Sie die Übernahme des »nordischen Modells«, also die *Bestrafung der Freier*.
- Unterstützen Sie die einschlägigen Organisationen finanziell.
- Fragen Sie Ihre Kirche, welchen Beitrag sie leistet.
- Nutzen Sie die sozialen Netzwerke wie Blogs, Facebook und Twitter, um auf das Thema oder auf konkrete Fälle aufmerksam zu machen.
- Daneben ist wichtig zu bedenken: Menschenhandel ist nicht von Armut, Rassismus, Frauenunterdrückung, Kor-

ruption und Menschenrechtsverletzungen in vielen Ländern zu trennen. Jedes diesbezügliche Engagement von Weltbürgern ist immer auch ein Einsatz gegen Menschenhandel!
- Was die deutschsprachigen Länder selbst betrifft, ist vor allem darauf hinzuweisen, dass es nicht angehen kann, dass die Menschenhandelsprobleme vor allem aus dem Blickwinkel einer Anti-Migrationspolitik betrachtet werden. Ein reines Verschieben der Opfer in ihre Herkunftsländer spielt oft den Menschenhändlern in die Hände. Darauf müssen möglichst viele Bürger, Politik und Medien immer wieder hinweisen.

Tipps für Reisende:

Melden Sie im Urlaub, wenn Sie beobachten, wie Touristen offensichtlich Sex mit Kindern planen oder haben. Wenden Sie sich an die örtliche Vertretung Ihres Reiseveranstalters, an eine der Beratungsstellen oder nutzen Sie eine der allgemeinen Anzeigemöglichkeiten bei der Polizei im Web, per Telefon oder in einer Polizeistation. Deutsche Beratungsstellen finden Sie im Internet unter http://www.polizei-beratung.de/themen-und-tipps/sexualdelikte/sextourismus.html, weltweite Vorfälle können Sie unter http://www.slaverymap.org/ melden. Falls Sie Sextouristen in den USA beobachten, wenden Sie sich per E-Mail an die U.S. Immigration and Customs Enforcement (ICE), Operation Predator: operation.predator@DHS.gov, Hotline: Int-1-866-347-2423.

Beispiel: Webseite der ECPAT:

Tipps für Reisende zur Aufklärung gegen Kindersex

»Was Sie sonst noch tun können – ganz allgemein

Zeigen Sie Zivilcourage zu Hause und am Urlaubsort, halten Sie Augen und Ohren offen – und schweigen Sie nicht bei Verdacht auf kommerzielle Ausbeutung von Kindern.

Informieren Sie Polizei, Reiseleitung, Hotelleitung, Provider, wenn Sie auf Reisen, in den Medien oder im Internet Hinweise auf sexuelle Ausbeutung von Kindern finden.

Meiden Sie Bars und ähnliche Örtlichkeiten, in denen sich Sextouristen mit Kindern amüsieren.

Sprechen Sie mit Ihren Kolleg/innen und Freund/innen über Kinderprostitution, Kinderpornografie und Kinderhandel.

Fordern Sie von der Regierung Gesetze, die Kinder vor sexueller Ausbeutung schützen. Eine staatenübergreifende Rechtsprechung bringt die Täter in ihrem Heimatland vor Gericht. Gesetze gegen Kinderhandel müssen sicherstellen, dass das betroffene Kind als Opfer gilt.

Informieren Sie sich bei der Bundesregierung über die Umsetzung des deutschen Aktionsplans gegen kommerzielle sexuelle Ausbeutung von Kindern.

Zeigen Sie soziale Verantwortung. Informieren Sie sich bei ECPAT Deutschland e. V. über laufende Aktionen. Sie können sich sicher in irgendeiner Form beteiligen. Unterstützen Sie die Kinderschutzprojekte der in ECPAT mitarbeitenden Hilfswerke.«[119]

Beispiel: gemeinsame Initiative von Polizei, ECPAT und dem Deutschen ReiseVerband:

Tipps für Reisende zur Aufklärung gegen Kindersex

»Zeigen Sie Zivilcourage. Auch als Reisender können Sie Hilfe leisten, ohne sich dabei selbst zu gefährden.

Die praktischen Empfehlungen hierzu lauten:

Verschließen Sie nicht Augen und Ohren bei Anhaltspunkten für etwas Verdächtiges.

Berichten Sie, werden Sie sofort aktiv und reden Sie darüber.

Sprechen Sie über Ihre Wahrnehmungen mit der Vertretung Deutschlands im Urlaubsland oder mit der Touristenpolizei, der Reiseleitung oder mit dem Hotel.

Zögern Sie nicht, sich mit Ihren Angaben zu Hause an die Polizei zu wenden.

Zwingend notwendig ist es, eine schnelle und wirkungsvolle Opferhilfe zu organisieren. Sind hilfsbereite Urlauber erst einmal aus den Ferien zurück, wird es sehr schwierig, die erforderliche Opferhilfe in den Reiseländern zu mobilisieren. Dieses Aktivieren von Hilfe muss so schnell wie möglich an Ort und Stelle stattfinden. Nur so können der Teufelskreis des sexuellen Missbrauchs durchbrochen und die betroffenen Kinder von ihrem endlosen Leid befreit werden. Schon das kurze Telefonat kann dazu beitragen und ein wichtiger Schritt sein, den sexuellen Missbrauch an Kindern zu verhindern. Dabei zielt die Kampagne nicht auf ein Denunziantentum unter Reisenden ab. Vielmehr geht es um eine freiwillige Partnerschaft und Zusammenarbeit mit den Reiseleitern, den Vertragshotels, der Polizei oder der jeweiligen deutschen Vertretung.

Beispiel: Bund Evangelisch-Freikirchlicher Gemeinden:

>»**Boykottieren Sie die Reiseveranstalter, die Sexreisen anbieten**
>
> Trotz geringer werdender Einkommen behauptet Deutschland weiterhin seine Spitzenposition in der Tourismusindustrie. Hier besteht die Möglichkeit für einen Reisenden, seine Marktmacht auszuüben, indem er nur bei den Reisebüros und Agenturen bucht, die ihm versichern können, dass sie keine Sexreisen anbieten. Um insbesondere Kinder vor sexueller Ausbeutung zu schützen, sollte man nachfragen, ob der Reiseveranstalter sich dem Verhaltenskodex zum Schutz der Kinder vor sexueller Ausbeutung (Code of Conduct) verpflichtet hat. Diese Verpflichtung unterschrieb der Deutsche ReiseVerband (DRV) im Jahr 2001. Bei dem Code of Conduct geht es im Wesentlichen darum, dass sich in der Touristikbranche die einzelnen Anbieter auf eine Unternehmenspolitik gegen Prostitution mit Kindern verständigen. Allerdings zählen nicht in allen Ländern die 14- bis 17-Jährigen noch zu den Kindern. Zu dieser Vereinbarung gehört auch, dass nicht nur hier in Deutschland, sondern auch in den Reiseländern das Personal der Reisebüros/-agenturen über das Thema Menschenhandel informiert ist. In den Reiseländern soll erreicht werden, dass die Hotel-Mitarbeiter vor Ort sensibilisiert sind und bei Auffälligkeiten in ihren Häusern reagieren.«[120]

Beispiele, wie Freier informiert werden
Mit den beiden folgenden Kästen will ich nicht missverstanden werden. Ich lehne Prostitution ab und schlage das ›nordische Modell‹ vor, die Bestrafung aller Freier. Dennoch will ich hier

zwei Beispiele dafür zitieren, wie Zwangsprostitution erkannt werden kann.

Beispiel: Diakonisches Werk der Evangelischen Kirche in Deutschland:

»... Skepsis ist angebracht bei Frauen:
- deren Körper oder Kleidung Spuren von Misshandlungen aufweisen
- die verängstigt sind oder weinen
- die signalisieren, dass sie mit Widerwillen oder Ekel ihre Dienste anbieten
- die nicht professionell, selbstbestimmt oder selbstständig arbeiten
- die nicht nach den Wünschen des Kunden fragen
- die alle gewünschten Sexualpraktiken erfüllen
- die nicht auf den Gebrauch von Kondomen bestehen
- die Dauer, Beginn und Ende ihres Kundenkontaktes bzw. ihrer Arbeitszeit nicht selbst bestimmen können
- die Kunden nicht ablehnen können
- die das Geld für ihre Dienste nicht selbst in Empfang nehmen
- die in abgesicherten und verschlossenen Räumen arbeiten
- die wenig oder kein Deutsch sprechen
- die erkennbar minderjährig sind.

Was tun, wenn Sie Verdacht schöpfen oder direkt angesprochen werden?

- jeden Hilferuf, der an Sie gerichtet wird, ernst nehmen
- ...
- Respekt zeigen
- die Frau beruhigen

- eine entsprechende Beratungsstelle anrufen
- sich an die nächste Polizeidienststelle wenden.«[121]

Schweizer-Webseite:

»... Die Frau braucht Unterstützung, wenn:
- sie Ihnen sagt, dass sie zur Prostitution gezwungen wird
- sie Ihnen sagt, dass sie vergewaltigt worden ist
- sie misshandelt wird
- sie ausgebeutet wird
- sie extrem hohe Schulden bei dem Bordellbetreiber oder Vermittler hat
- sie eingesperrt wird
- sie permanent überwacht wird
- ein Dritter Ihnen sagt, Sie können mit der Frau machen, was Sie wollen
- sie keine Kunden ablehnen darf
- sie bestimmte sexuelle Handlungen nicht ablehnen darf
- sie nicht die Möglichkeit hat, auf Kondome zu bestehen
- sie für ihre Arbeit kein oder sehr wenig Geld erhält
- sie rund um die Uhr zur Verfügung stehen muss
- ihr der Pass weggenommen wurde
- sie ihr Einkommen an einen Zuhälter/eine Zuhälterin abgeben muss.

Auch nur einzelne dieser Anzeichen können darauf hinweisen, dass die Frau Opfer ist.«[122]

2. Die Rolle von Beratungsstellen

Das Deutsche Institut für Menschenrechte schreibt treffend: »Für die Identifikation der Betroffenen, ihre Beratung und Unterstützung ist die Existenz eines nichtstaatlichen Unterstützungssystems von großer Bedeutung. In allen Bundesländern existieren – in Trägerschaft, Geschichte und Arbeitsfeld heterogene – nichtstaatliche Fachberatungsstellen gegen Frauenhandel. Bundesweit sind fast 40 spezialisierte nichtstaatliche Fachberatungsstellen entstanden, die Betroffene beraten, unterstützen und in Strafverfahren und bei der Wahrnehmung ihrer Rechte begleiten. Die Beratungsstellen haben sich im Bundesweiten Koordinierungskreis gegen Frauenhandel und Gewalt an Frauen im Migrationsprozess (KOK) zusammengeschlossen...«[123]

Also: Ohne Beratungsstellen, deren Internetadressen im Materialteil aufgelistet werden, ist es praktisch unmöglich, Betroffenen zu helfen. Wenden Sie sich also immer an eine Beratungsstelle. Dort wird man Ihnen auch helfen, wenn es um Anzeige bei der Polizei, auch gegen Unbekannt, geht.

Wenn Sie sich wegen einer Anzeige an die Polizei wenden, lassen Sie sich so lange weiterverbinden, bis Sie jemand haben, der Ihnen kompetent sagen kann, welche Angaben die Polizei benötigt.

Die meisten Beratungsstellen gibt es für weibliche Prostituierte, auch für minderjährige. Im Falle von Arbeitsausbeutung ist die Auswahl nicht so groß. Dafür können die Behörden hier eher helfen, vor allem wenn Sozialversicherungsbetrug und Steuerhinterziehung ins Spiel kommen.

Folgende *Aufgaben der Beratungsstellen* sind zu nennen:

- Beratung von solchen, die anderen helfen wollen
- Schutz und Notfallhilfe der Betroffenen
- Psychologische Betreuung der Betroffenen

- Beratung der Betroffenen
- Begleitung und Rechtsberatung der Betroffenen, wenn sie Anzeige erstatten
- Beratung und Hilfe zur Wiedereingliederung – einschließlich Kontakt und Weiterreichung an Beratungsstellen im Heimatland bei Rückkehr

Die Evangelisch-Freikirchlichen Gemeinden beschreiben die Aufgabe einer Beratungsstelle so: »Zur Hilfe bei der Wiedereingliederung gehören die folgenden Bedürfnisbereiche:

- Schutz
- sichere Unterkunft
- Notfallversorgung und Erfüllung grundlegender Bedürfnisse
- Sozial-psychologische Hilfe
- Hilfe bei gesundheitlichen Problemen
- Soziale Wiedereingliederung
- Hilfe bei der beruflichen Wiedereingliederung
- Hilfe bei der Beschaffung von Ausweisen und anderer Dokumente«[124]

Beispiel: Angebot der Mitternachtsmission Heilbronn (Diakonisches Werk):

»Unser Angebot

- Organisation einer möglichst sicheren Unterkunft (eigene Schutzunterkünfte in Baden-Württemberg sowie Kooperationen mit anderen Trägern)
- Beratung, Begleitung, Seelsorge
- Information zu rechtlichen Fragen
- Notversorgung mit Lebensmitteln, Kleidung und Hygieneartikeln
- Unterstützung und Begleitung im Strafprozess
- Organisation der Rückreise in das Herkunftsland
- Info-Blatt für betroffene Frauen in 13 verschiedenen Sprachen
- Zusammenarbeit mit Polizei, Behörden, Konsulaten, Rechtsanwältinnen
- Vorträge und Veranstaltungen zum Thema Menschenhandel«[125]

Weblinks und Literatur

Alle Webseiten in diesem Buch, auch in den Fußnoten, wurden am 2. April 2011 erneut aufgerufen. Deswegen wird bei ihnen kein eigenes Datum vermerkt.
Reihenfolge jeweils:

- Deutsche Weblinks
- Englische Weblinks
- Bücher Deutsch
- Bücher Englisch
- Zeitungs- und Zeitschriftenartikel sowie sonstige Veröffentlichungen

Opfer und Beratung
Alle Beratungsstellen haben anonyme Hotlines und anonyme E-Mail-Adressen für Betroffene, z. B.
- http://www.stoppt-zwangsprostitution.de/hotline/, Hotline für Deutschland: 0180 2006 110
- http://www.solwodi.de/34.0.html *(Solwodi-Beratungsstellen)*.
- http://www.diakonie.de/adressen-von-beratungsstellen-2178.htm *(Evangelische Beratungsstellen)*.
- http://www.diakonie-heilbronn.de/_rubric_frauen/index.php?rubric=mitternacht_menschenhandel *(Info für Betroffene in 13 Sprachen)*.
- http://www.kok-buero.de/(Koordinierungskreis gegen Frauenhandel und Gewalt gegen Frauen im Migrationsprozess), *deren Mitgliedsorganisationen, darunter katholische und evangelische Einrichtungen:* http://www.kok-buero.de/index.php?idcatart=23&lang=1&client=1.
- http://www.stoppt-zwangsprostitution.de/beratungsstellen/.
- http://www.polarisproject.org/what-we-do/national-human-trafficking-hotline/the-nhtrc/overview *(Internationale und kostenlose USA-Hotline*: 1-888-3737-888).
- www.coatnet.org *(Christliche Organisationen weltweit)*.
- http://mission-freedom.de/.

- Eva Schaab/Markos Maragkos: *Traumaleitfaden: Handbuch. Hilfe für den professionellen Umgang mit Opfern von Menschenhandel zum Zweck der sexuellen Ausbeutung für Polizei, Justiz und kommunale Verwaltung.* Wiesbaden: Bundeskriminalamt, 2. Aufl. 2010.
- Cornelia Helfferich/Barbara Kavemann/Heike Rabe: *Determinanten der Aussagebereitschaft von Opfern des Menschenhandels zum Zweck sexueller Ausbeutung. Eine qualitative Opferbefragung.* Köln: Luchterhand, 2010, http://www.bka.de/kriminalwissenschaften/veroeff/band/band41/band41_opferbefragung_menschenhandel.pdf.
- Koordinierungskreis gegen Frauenhandel und Gewalt gegen Frauen im Migrationsprozess (KOK) (Hg.): *Frauenhandel in Deutschland. Frauenprojekte in Deutschland zur Problematik Frauenhandel.* Berlin: BMFSFJ, 2. Aufl. 2009.

Melden

Wenden Sie sich an eine der Beratungsstellen oder aber nutzen Sie eine der allgemeinen Anzeigemöglichkeiten bei der Polizei im Web, per Telefon oder in einer Polizeistation.

- http://www.polizei-beratung.de/themen-und-tipps/sexualdelikte/sextourismus.html *(Nur für Sextourismus)*.
- http://www.slaverymap.org/.
- http://www.polarisproject.org/what-we-do/national-human-trafficking-hotline/the-nhtrc/overview *(Kostenlose Hotline USA: 1-888-3737-888)*.
- *Sextouristen melden (USA)*: E-Mail an die U. S. Immigration and Customs Enforcement (ICE), Operation Predator: operation.predator@DHS.gov, Hotline: Int-1-866-347-2423.

Gegen Sklaverei und Menschenhandel allgemein

- http://www.netzwerk-gegen-menschenhandel.de/.
- http://www.ch.iom.int/news/newsletter.html *(Schweizer Seite der Internationalen Organisation für Migration)*.
- http://www.humantrafficking.org/*(umfassendste Sammlung von Texten)*.
- www.antislavery.org/english/resources/reports/default.aspx *(viele Berichte)*.

- www.abolishhumantrafficking.com *(mit guter Blogliste für die USA)*.
- www.iom.int (International Organisation for Migration), *(als Suchbegriff »Trafficking« eingeben; unter dieser Adresse auch Informationsbrief »Global Eye on Human Trafficking«)*.
- http://www.osce.org/cthb *(Office of the Special Representative and Co-ordinator for Combating Trafficking in Human Beings)*.
- http://www.ilo.org/public/english/protection/migrant/areas/trafficking.htm *(International Labour Organization)*.
- http://www.ilo.org/sapfl/lang--en/index.htm.
- http://www.notforsalecampaign.org/.
- http://www.free2work.org/*(Sklavereifreie Produkte)*.
- http://www.worldvision.org/content.nsf/learn/globalissues-child-trafficking.
- http://wvasiapacific.org/humantrafficking/*(World Vision Asia Pacific Human Trafficking)*.
- Kevin Bales/Becky Cornell: *Moderne Sklaverei*. Hildesheim: Gerstenberg, 2008.
- Lydia Cacho: *Sklaverei. Im Inneren des Milliardengeschäfts Menschenhandel*. Frankfurt: S. Fischer, 2011.
- Volkmar Deile/Franz-Josef Hutter/Sabine Kurtenbach (Hg.): *Jahrbuch Menschenrechte 2008. Schwerpunkt: Sklaverei heute*. Frankfurt: Suhrkamp, 2007.
- Michael Mann (Hg.): *Menschenhandel und unfreie Arbeit*. Leipzig: Leipziger Universitätsverlag, 2003 *(zur Geschichte der Sklaverei)*.
- Moises Naim: *Das Schwarzbuch des globalisierten Verbrechens: Drogen, Waffen, Menschenhandel, Geldwäsche, Markenpiraterie*. München: Piper, 2005, S. 112–140.
- Tobias Presing: *Die Bekämpfung des Menschenhandels im deutschen und internationalen Recht*. Berlin: Mensch & Buch Verlag, 2006.
- E. Benjamin Skinner: *Menschenhandel: Sklaverei im 21. Jahrhundert*. Bergisch Gladbach: Lübbe, 2008 *(Berichte und Schicksale aus 12 Ländern)*.

Die beiden gründlichsten zusammenfassenden wissenschaftlichen Studien von Shelley und von Kara, auf die hier oft zurückgegriffen wurde, liegen leider nur in englischer Sprache vor:
- Louise Shelley: *Human Trafficking. A Global Perspective*. Cambridge: Cambridge University Press, 2010.

- Siddharth Kara: *Sex Trafficking. Inside the Business of Modern Slavery*. New York: Columbia University Press, 2008.
- Kevin Bales/Zoe Trodd/Alex Kent Williamson: *Modern Slavery. The Secret World of 27 Mio. People*. Oxford: Oneworld, 2009.
- David Batstone. *Not for Sale. The Return of the Global Slave Trade and How we Can Fight it*. New York: HarperOne, 2010.
- Rahila Gupta: *Enslaved. The New British Slavery*. London: Portobello Books, 2007.
- Christal Morehouse: *Combating Human Trafficking: Policy Gaps and Hidden Political Agendas in the USA and Germany*. Wiesbaden: Verlag für Sozialwissenschaften, 2009.
- Ernesto Savona/Sonia Stefanizzi (Hg.): *Measuring Human Trafficking. Complexities and Pitfalls*. Berlin: Springer, 2007.
- Roger Sawyer: *Slavery in the Twentieth Century*. Routledge & Kegan Paul: London, 1986.
- Netzwerk Migration in Europa (Hg.): »Vereinte Nationen: Menschenhandel nimmt zu«, in *Newsletter Migration und Bevölkerung* 3/2009. Berlin: 2009, ttp://www.bpb.de/themen/TPFRRY,0,Vereinte_Nationen%3A_Menschenhandel_nimmt_zu.html.
- Global Alliance against Trafficking in Women (Hg.): *Collateral Damage. The Impact of Anti-Trafficking Measures on Human Rights around the World*. Bangkok: GAATW, 2007, http://www.gaatw.org/Collateral%20Damage_Final/singlefile_CollateralDamagefinal.pdf.
- Jenny Bjork/Katie Chalk. *Ten Things You Need to Know about Human Trafficking*. World Vision Asia-Pacific, 2009, http://www.worldvision.org/resources.nsf/main/press-10-things/$file/10Things.pdf.
- International Human Rights Law Institute, DePaul University College of Law: *In Modern Bondage: Sex Trafficking in the Americas*. Chicago: International Human Rights Law Institute, 2002, http://www.oas.org/atip/reports/in%20modern%20bondage.pdf.
- Mike Kaye: *Arrested Development: Discrimination and Slavery in the 21st Century*. London: Anti-Slavery International, 2008, http://www.antislavery.org/includes/documents/cm_docs/2009/a/arresteddevelopment.pdf.
- Krishna Prasad Upadhyaya: *Poverty, Discrimination and Slavery. The reality of bonded labour in India, Nepal and Pakistan*. London: Anti-Slavery International, 2008, http://www.antislavery.org/

includes/documents/cm_docs/2009/p/povertydiscriminations-
laveryfinal.pdf.

Frauenhandel/Zwangsprostitution
Siehe die Webseiten der Beratungsstellen oben
- http://www.solwodi.de/*(»Solidarity with Women in Distress«)*.
- KOK-Newsletter: http://www.kok-buero.de/data/Medien/News-letter/KOKNEWSLETTER_3.2010.pdf.
- http://www.emma.de/kampagnen/prostitution/.
- http://de.wikipedia.org/wiki/Zwangsprostitution.
- http://en.wikipedia.org/wiki/Prostitution_in_Sweden.
- www.gaatw.org *(Global Alliance against Trafficking in Women)*.
- http://www.catwinternational.org/*(The Coalition Against Trafficking in Women-International)*.
- http://www.icapglobal.org/(The International Christian Alliance on Prostitution).
- http://lastradainternational.org/.
- http://www.icapglobal.org/affiliates.html *(Christliche Werke weltweit)*.
- Lea Ackerman/Inge Bell/Barbara Koelges: *Verkauft, versklavt, zum Sex gezwungen. Das große Geschäft mit der Ware Frau*. München: Kösel, 2005.
- Bundesministerium für Familie, Senioren, Frauen und Jugend (Hg.): *Zwangsverheiratung in Deutschland*. Baden-Baden: Nomos, 2007.
- Barbara Drinck/Chung-Noh Gross (Hg.): *Erzwungene Prostitution in Kriegs- und Friedenszeiten*. Siegsdorf: Kleine Verlag, 2006.
- Regina Kalthegener: »Zwangsprostitution«, in: Volkmar Deile/Franz-Josef Hutter/Sabine Kurtenbach (Hg.): *Jahrbuch Menschenrechte 2008. Schwerpunkt: Sklaverei heute*. Frankfurt: Suhrkamp, 2007, S. 88–97.
- Mary Kreutzer/Corinna Milborn: *Ware Frau. Auf den Spuren moderner Sklaverei von Afrika nach Europa*. Salzburg: Ecowin, 2008.
- Malka Marcovich: »Der Frauenhandel in der Welt«, in: Christine Ockrent (Hg.): *Das Schwarzbuch zur Lage der Frau*. München/Zürich: Pendo, 2007, S. 345–377.
- Jürgen Nautz: »Frauenhandel Ost-West: Märkte und Netzwerke«, in: Birgit Sauer/Sabine Strasser (Hg.): *Zwangsfreiheiten*. Histo-

rische Sozialkunde – Internationale Entwicklung, Bd. 27. Wien: Promedia & Südwind, 2. Aufl. 2009, S. 204–220 *(Geschichte des Kampfes gegen Frauenhandel in Mitteleuropa vor 1945).*
- Regula Renschler u. a. (Hg.): *Ware Liebe. Sextourismus – Prostitution – Frauenhandel*. Wuppertal: Peter Hammer Verlag, 3. Aufl. 1991.
- Manfred Sapper/Volker Weichsel/Andrea Huterer (Hg.): *Mythos Europa. Prostitution, Migration, Frauenhandel*, Themenheft Osteuropa Nr. 56, 6/2006. Berlin: Berliner Wissenschaftsverlag.
- Cathrin Schauer: *Kinder auf dem Strich. Bericht von der deutsch-tschechischen Grenze*. Bad Honnef: Horlemann-Verlag, 2003.
- Thomas Schirrmacher: *Internetpornografie*. Holzgerlingen: SCM Hänssler, 2008.
- Heinz G. Schmidt: *Der neue Sklavenmarkt. Geschäfte mit Frauen in Übersee*. Basel: Lenos-Verlag: 1985.
- Kathryn Farr: *Sex Trafficking. The Global Market in Women and Children*. New York: Worth Publishing, 2004.
- Sheila Jeffreys: *The Industrial Vagina. The Political Economy of the Global Sex Trade*. London/New York: Routledge, 2009.
- Victor Malarek: *The Johns. Sex for Sale and the Men Who Buy It*. New York: Arcade, 2009.
- Oliver Grimm: »Menschenhandel EU-eigenes Problem«, in: *Die Presse* (Wien) vom 17. 3. 2011, http://diepresse.com/home/politik/eu/642738/Menschenhandel-EUeigenes-Problem.
- Jeanne Rubner: »Wiedergeboren: Somaly Mam wurde als Kind von Vietnam nach Kambodscha verschleppt und zur Prostitution gezwungen. Heute befreit sie Mädchen aus den Bordellen – das jüngste war fünf Jahre alt«, in: *Süddeutsche Zeitung* vom 27. 1. 2011, http://www.sueddeutsche.de/leben/kampf-gegen-kinderprostitution-wiedergeboren-11051588.
- Thomas Schirrmacher. »Sie glauben, Frauen sind allzeit verfügbar«, in: *Bild der Frau* Nr. 39 vom 20. 9. 2008, S. 30–31 *(Interview zum Thema »Internetpornografie«).*
- Julia Doxat-Purser: *Tolerating Prostitution? EEA Public Policy Considerations*. Brüssel: Europäische Evangelische Allianz, 2009, http://www.europeanea.org/documents/Tolerating_Prostitution_-_June_09_Final.pdf.
- Angelika Kartusch: *Internationale und europäische Maßnahmen gegen den Frauen- und Menschenhandel. Rückblick und Ausblick*.

Berlin, 2003, http://web.fu-berlin.de/gpo/angelika_kartusch.htm.

Kinder

- http://www.strassenkinderreport.de.
- http://www.kindernothilfe.de/Rubriken/Themen.html *(bei beiden Links auch auf »Kinderhandel«, »Kinderprostitution« und »Kindersoldaten« klicken).*
- http://www.unicef.org/protection/index_exploitation.html.
- http://www.childtrafficking.com/Content/Library/*(Literaturdatenbank).*
- http://www.nspcc.org.uk/Inform/research/reading_lists/commercial_exploitation_of_children_wda54798.html *(Literaturliste).*
- http://www.ilo.org/ipec/lang--en/index.htm.
- http://en.wikipedia.org/wiki/Child_labour.
- Kurt Bangert: *Kinderarmut*. Holzgerlingen: SCM Hänssler, 2010.
- Claudia Berker: *Getäuscht, verkauft, missbraucht. Reportagen und Hintergründe zum weltweiten Kinderhandel*. Zürich: Rotpunktverlag, 2003.
- Adolf Gallwitz/Manfred Paulus: Pädokriminalität weltweit. *Sexueller Kindesmissbrauch, Kinderhandel, Kinderprostitution, Kinderpornographie*. Hilden: Deutsche Polizeiliteratur, 2009.
- Damaris Jahnke: *Straßenkinder*. edition afem – mission scripts, Bd. 25. Nürnberg: VTR, 2005.
- Iga Niznik: *Kampf gegen Kinderhandel in Österreich. Gesetze, Strategien, Probleme: Eine Analyse der Implementierung internationaler Rechtsgrundsätze gegen den Kinderhandel in Österreich*. Saarbrücken: Verlag Dr. Müller, 2010.
- Bernd Siggelkow/Wolfgang Büscher: *Deutschlands sexuelle Tragödie*. GerthMedien: Asslar, 2008.
- Franziska Humbert: *The Challenge of Child Labour in International Law*. Cambridge: Cambridge University Press, 2009.
- *Kinder sind unbezahlbar. Aktionsprogramme gegen den weltweiten Kinderhandel*. Bonn: Friedrich-Ebert-Stiftung, 2002.
- Jonathan Blagbrough: *They Respect their Animals more. Voices of Child Domestic Workers*. London: Anti-Slavery International, 2008, http://www.antislavery.org/includes/documents/cm_docs/2009/t/they_respect_their_animals_more_08.pdf.

Berichte der UN, OSZE und USA

- Beate Andrees/Patrick Belser (Hg.): *Forced Labor. Coercion and Exploitation in the Private Economy*. Genf: International Labour Office (ILO), 2009.
- Patrick Belser/Michelle de Cock/Mehran Fard: *ILO Minimum Estimate of Forced Labour in the World*. Genf: ILO-Publications, 2005, http://www.ilo.org/sapfl/Informationresources/ILOPublications/lang--en/docName--WCMS_081913/index.htm.
- *Combating Trafficking as Modern-Day Slavery. 2010 Annual Report of the Special Representative and Co-ordinator for Combating Trafficking in Human Beings*. Wien: OSCE, 2010, www.osce.org/cthb/74730.
- United Nations Office on Drugs and Crime (Hg.): *Global Report on Trafficking in Persons. Human Trafficking: A Crime that shames us all*. Wien, 2009, http://www.unodc.org/unodc/en/human-trafficking/global-report-on-trafficking-in-persons.html *(Berichte zu allen Ländern)*.
- US Department of State: *Trafficking in Persons Report 2010*. Washington, 2010, http://www.state.gov/g/tip/rls/tiprpt/2010/ *(Berichte zu allen Ländern)*.

Europa

- Jürgen Nautz, Birgit Sauer (Hg.): *Frauenhandel. Transkulturelle Perspektiven*. Göttingen: V&R unipress, 2008 *(Österreich und Osteuropa)*.
- Philipp Thiée (Hg.): *Menschen Handel – wie der Sexmarkt strafrechtlich reguliert wird*. Berlin: Uwer, 2008.
- Beate Andrees/Patrick Belser (Hg.): *Forced Labor: Coercion and Exploitation in the Private Economy*. Genf: International Labour Office (ILO), 2009, S. 89–108.
- Heli Askola: *Legal Responses to Trafficking in Women for Sexual Exploitation in the European Union*. Oxford: Hart Publishing, 2007.
- Armando García Schmidt: »Menschenhandel: Europas neuer Schandfleck«, in: *spotlight europe* 2008/04. Gütersloh: Bertelsmann-Stiftung, http://aei.pitt.edu/8268/.
- *Empfehlung Nr. R (2000) 11 des Ministerkomitees des Europarates über die Bekämpfung des Menschenhandels zum Zwecke der sexu-*

ellen Ausbeutung, 2000, www.egmr.org/minkom/ch/rec2000-11. pdf.
- *Übereinkommen des Europarats zur Bekämpfung des Menschenhandels,* 2005, http://conventions.coe.int/Treaty/GER/Treaties/Html/197.htm.
- Europol: *Trafficking in Human Beings in the EU. A Europol Perspective.* Den Haag: Europol, 2009, http://www.europol.europa.eu/publications/Serious_Crime_Overviews/THB_Fact_Sheet_2009 %20EN.pdf.
- European Commission, Directorate-General Justice, Freedom and Security: *Report of the Experts Group on Trafficking in Human Beings.*Brüssel, 2004, http://www.coatnet.org/en/23 957.asp.
- *Trafficking for Forced Labour in Europe.* London: Anti-Slavery International, 2008, http://www.antislavery.org/includes/documents/cm_docs/2009/t/trafficking_for_fl_in_europe_4_country_report.pdf.

Deutschsprachige Länder
- Petra Follmar-Otto/Heike Rabe: *Menschenhandel in Deutschland. Die Menschenrechte der Betroffenen stärken.* Berlin: Deutsches Institut für Menschenrechte, 2009.
- Claudia Post: *Kampf gegen den Menschenhandel im Kontext des europäischen Menschenrechtsschutzes. Eine rechtsvergleichende Untersuchung zwischen Deutschland und Russland.* Hamburg: Verlag Dr. Kovac, 2008.
- Christal Morehouse: *Combating Human Trafficking: Policy Gaps and Hidden Political Agendas in the USA and Germany.* Wiesbaden: Verlag für Sozialwissenschaften, 2009. S. 177–232.
- Bundeskriminalamt: *Menschenhandel: Bundeslagebild 2009.* Pressefreie Kurzfassung. Wiesbaden: BKA, 2010, http://www.bka.de/lageberichte/mh.html *(dort auch die Bundeslagebilder 1999–2008).*
- Norbert Cyrus: *Menschenhandel und Arbeitsausbeutung in Deutschland.* Genf: Internationale Arbeitsorganisation, 2005, http://www.ilo.org/public/german/region/eurpro/bonn/download/menschenhandelendfassung.pdf.

Anmerkungen

[1] So auch Naim: *Schwarzbuch*, 2005, S. 129.
[2] Durant: *The Life of Greece*, 1939, S. 562–568.
[3] Siehe Schirrmacher: *Internetpornografie*, 2009.
[4] Ackerman/Bell/Koelges: *Verkauft, versklavt, zum Sex gezwungen*, 2005, S. 73.
[5] Follmar-Otto/Rabe: *Menschenhandel in Deutschland*, 2009, S. 22.
[6] Ebd., S. 20. Dazu am ausführlichsten Savona/Stefanizzi (Hg.): *Measuring Human Trafficking*, 2007.
[7] Schmidt: »Menschenhandel: Europas neuer Schandfleck«, http://aei.pitt.edu/8268/, S. 1f.
[8] Kara: *Sex Trafficking*, 2008, S. X.
[9] Batstone. *Not for Sale*, 2010, S. 1.
[10] Bales/Cornell: *Moderne Sklaverei*, 2008.
[11] Follmar-Otto/Rabe, *Menschenhandel*, 2009, S. 20 zu Belser/de Cock/Fard: *ILO Minimum Estimate of Forced Labour in the World*, 2005, http://www.ilo.org/sapfl/Informationresources/ILOPublications/lang--en/docName--WCMS_081913/index.htm.
[12] US Department of State: *Trafficking in Persons Report 2010*, 2010, http://www.state.gov/g/tip/rls/tiprpt/2010/S. 7.
[13] http://webcache.googleusercontent.com/search?q=cache:Hip3bfh8rWQJ:www.presseportal.de/polizeipresse/pm/7/1617807/bundeskriminalamt+http://www.presseportal.de/polizeipresse/pm/7/1617807/bundeskriminalamt&cd=1&hl=de&ct=clnk&gl=de&source=www.google.d, veröffentlicht am 21.05.2010. Alle Webseiten in diesem Buch wurden am 2. April 2011 erneut aufgerufen. Deswegen wird bei ihnen kein eigenes Zugriffsdatum vermerkt.
[14] Bundeskriminalamt: *Menschenhandel. Bundeslagebild 2009*, 2010, http://www.bka.de/lageberichte/mh.html, S. 9f.
[15] Siehe zum Beispiel Shelley: *Human Trafficking*, 2010, S. 3.
[16] Follmar-Otto/Rabe: *Menschenhandel*, S. 20.
[17] Bales/Trodd/Williamson: *Modern Slavery*, 2009, S. 43f. u.a.
[18] Schmidt, *Menschenhandel*, S. 2.
[19] Kara: *Sex Trafficking*, S. 19–23 und die Gewinntabelle S. 221–226, vgl. dazu Shelley: *Human Trafficking*, S. 83–111.

[20] Nach Europol: *Trafficking in Human Beings in the EU*, 2009, http://www.europol.europa.eu/publications/Serious_Crime_Overviews/THB_Fact_Sheet_2009 %20EN.pdf, S. 10.
[21] Kara: *Sex Trafficking*, S. 34–37 u. a.
[22] Judith Kubitscheck: »Flatrate-Bordell-Zuhälter müssen vor Gericht«, in: *Die Welt*, 7. 3. 2011, http://www.welt.de/vermischtes/weltgeschehen/article12724908/Flatrate-Bordell-Zuhaelter-muessen-vor-Gericht.html.
[23] Kara: *Sex Trafficking*, S. 38.
[24] Netzwerk Migration in Europa (Hg.): »Vereinte Nationen: Menschenhandel nimmt zu«, in *Newsletter Migration und Bevölkerung* 3/2009. Berlin: 2009, http://www.bpb.de/themen/TPFRRY,0,Vereinte_Nationen%3A_Menschenhandel_nimmt_zu.html.
[25] Kara: *Sex Trafficking*, S. 17.
[26] Oliver Grimm: »Menschenhandel EU-eigenes Problem«, in: *Die Presse* (Wien), 17. 3. 2011, http://diepresse.com/home/politik/eu/642738/Menschenhandel-EUeigenes-Problem.
[27] Follmar-Otto/Rabe: *Menschenhandel*, S. 21.
[28] Grimm: »Menschenhandel«.
[29] Schmidt: »Menschenhandel«, S. 2.
[30] Grimm: »Menschenhandel«.
[31] Schmidt: »Menschenhandel«, S. 1.
[32] Follmar-Otto/Rabe, *Menschenhandel*, 2009, S. 14.
[33] Buckley: »Menschenhandel als Politikum«, in: Sapper/Weichsel/Huterer (Hg.): *Mythos Europa. Prostitution, Migration, Frauenhandel*, Themenheft Osteuropa Nr. 56, 6/2006, S. 202 – zunächst auf Russland bezogen.
[34] Zusatzprotokoll zur Verhütung, Bekämpfung und Bestrafung des Menschenhandels, insbesondere des Frauen- und Kinderhandels, zum Übereinkommen der Vereinten Nationen gegen die grenzüberschreitende organisierte Kriminalität, 2000, Artikel 3. Schweizerische Fassung: http://www.admin.ch/ch/d/sr/0_311_542/index.html (dort findet sich auch die Liste der unterzeichnenden Länder).
[35] Follmar-Otto/Rabe: *Menschenhandel*, S. 17.
[36] *Bild* vom 24. 3. 2011, http://www.bild.de/BILD/regional/frankfurt/dpa/2011/03/24/frau-ausgebeutet--mutmasslicher-zuhaelter.html.

[37] Vanessa Steinmetz. »Bande zwingt in Hamburg Schwangere zur Prostitution«, in *Die Welt*, 9.3.2011, http://www.welt.de/vermischtes/weltgeschehen/article12749770/Bande-zwingt-in-Hamburg-Schwangere-zur-Prostitution.html.

[38] »Chef-Zuhälter festgenommen«, in *Münchener Abendzeitung*, 3.3.2011, http://www.abendzeitung-muenchen.de/inhalt.menschenhandel-chef-zuhaelter-festgenommen.2fb63947-996a-48ef-8eb5-f099e08ae3f3.html.

[39] R. Preuß/C. Upadek: »Manche setzen sich ab, andere setzen sich zur Ruhe«, in *Süddeutsche Zeitung* vom 13.8.2010, http://www.sueddeutsche.de/panorama/verfahren-gegen-menschenhandel-die-einen-setzen-sich-ab-andere-setzen-sich-zur-ruhe-1988067.

[40] »Vereinte Nationen: »Menschenhandel nimmt zu«, *Newsletter Migration und Bevölkerung* 3/2009.

[41] Ebd.

[42] Merle Schmalenbach: »Frauen mischen im Menschenhandel mit«. *Spiegel online*, 13.2.2009, http://www.spiegel.de/politik/ausland/0,1518,607364,00.html.

[43] Norbert Cyrus: »Menschenhandel und Arbeitsausbeutung in Deutschland«. Genf: Internationale Arbeitsorganisation, 2005, http://www.ilo.org/public/german/region/eurpro/bonn/download/menschenhandelendfassung.pdf, S. 44.

[44] Ebd., S. 44f.

[45] Bundeskriminalamt: *Menschenhandel*.

[46] »Vereinte Nationen: »Menschenhandel nimmt zu«, *Newsletter Migration und Bevölkerung* 3/2009.

[47] In Anlehnung an Europol: *Trafficking*, S. 6.

[48] Alles Bales/Trodd/Williamson: *Slavery*, S. 43f. u.a.

[49] Follmar-Otto/Rabe: *Menschenhandel*, S. 23.

[50] Bangert: *Kinderarmut*, 2010; Kusch/Schirrmacher (Hg.): *Der Kampf gegen die weltweite Armut*, 2009; Bangert/Schirrmacher (Hg.): *HIV und AIDS als christliche Herausforderung*, 2008.

[51] http://frauenwerk.org/netzwerk/pages/was-kann-ich-tun/armut-bekaempfen.php, ohne Datum.

[52] Schirrmacher: *Rassismus*, 2009.

[53] United Nations, Department of Economic and Social Affairs, Population Division: *Trends in International Migrant Stock: The 2008 Revision*, 2009, http://www.un.org/esa/population/migration/UN_MigStock_2008.pdf.

[54] »Vereinte Nationen: Menschenhandel nimmt zu«, *Newsletter Migration und Bevölkerung* 3/2009.
[55] Europol: *Trafficking*, S. 8.
[56] Schmidt: »Menschenhandel«, S. 2.
[57] Ebd.
[58] Follmar-Otto/Rabe: *Menschenhandel*, 2009, S. 14.
[59] So das amerikanische Außenministerium in: US Department of State: *Trafficking in Persons Report 2010*.
[60] Schmidt: »Menschenhandel«, S. 5.
[61] Bundeskriminalamt: *Menschenhandel*.
[62] Ebd., S. 9.
[63] Follmar-Otto/Rabe: *Menschenhandel*, S. 18.
[64] Ebd., S. 45.
[65] Ebd., S. 47.
[66] Siehe Details bei http://de.wikipedia.org/wiki/Visa-Affäre.
[67] »Neue Schmiergeld-Affäre im Auswärtigen Amt«, in *Spiegel Online*, 18.10.2010, http://www.spiegel.de/politik/deutschland/0,1518,735435,00.html.
[68] Bundeskriminalamt: *Menschenhandel*, S. 4.
[69] Nach Bales/Trodd/Williamson: *Slavery*, S. 28.
[70] »Slavery«, in *Newsweek* vom 4.5.1992, S. 8–16, hier S. 8.
[71] Z. B. Bales/Trodd/Williamson: *Slavery*, S. vii.
[72] Siehe Krishna Prasad Upadhyaya: *Poverty, Discrimination and Slavery. The reality of bonded labour in India, Nepal and Pakistan*. London: Anti-Slavery International, 2008, http://www.antislavery.org/includes/documents/cm_docs/2009/p/povertydiscriminationslaveryfinal.pdf.
[73] Bales/Trodd/Williamson: *Slavery*, S. 36.
[74] Siehe z. B. Emily Delap: *Begging for Change. Research findings and recommendations on forced child begging in Albania/Greece, India and Senegal*. London: Anti-Slavery International, 2009, http://www.antislavery.org/includes/documents/cm_docs/2009/b/beggingforchange09.pdf, und zu Großbritannien: Christine Beddoe: *Missing Out. A Study of Child Trafficking in the North-West, North-East and West Midlands*. London: ECPAT, 2007, http://www.ecpat.org.uk/downloads/ECPAT_UK_Missing_Out_2007.pdf.
[75] Alles Bales/Trodd/Williamson: *Slavery*, S. 18–23.
[76] Ebd., S. 103.

[77] »Slavery«, in *Newsweek* vom 4.5.1992, S. 8–16, hier S. 12f.
[78] Zur Lage von weiblichen Sklaven im Nahen Osten siehe: *Trafficking in Women, Forced Labour and Domestic Work: In the Context of the Middle East and Gulf Region.* London: Anti-Slavery International, 2006, http://www.antislavery.org/includes/documents/cm_docs/2009/t/traffic_women_forced_labour_domestic_2006.pdf.
[79] H. H. C.: »Slavery«, in: *Encyclopedia Judaica*, Bd. 14. Jerusalem: Red-Sl. Enyclopedia Judaica: 1971, Sp. 1655–1660, hier Sp. 1655 (Hervorhebungen weggelassen).
[80] B[enno] Jacob: *Auge um Auge. Eine Untersuchung zum Alten und Neuen Testament.* Berlin: Philo Verlag, 1929, S. 6.
[81] Siehe Schirrmacher: *Rassismus*, 2010.
[82] Iga Niznik: *Kampf gegen Kinderhandel in Österreich*, 2010.
[83] »Kinderschleuser aufgeflogen«, in: *Rheinische Post*, 10.3.2011, http://nachrichten.rp-online.de/regional/kinderschleuser-aufgeflogen-1 474 266.
[84] Kreutzer/Milborn: *Ware Frau*, 2008, S. 9, 38.
[85] Nach *Kinderarbeit: Eine Schande für die Menschheit*. ILO-Spezial. International Labour Organization, Vertretung Bonn, Bonn o. J. (1998), S. 1–4, arbeiteten in Thailand 160 000 Kinder unter 16 im Prostitutionsgewerbe, zunehmend auch Jungen.
[86] Vgl. zu Indien: Sinha: *Child Labour in Calcutta*, 1991.
[87] Siehe Karl-Ludwig Günsche: »›Die moderne Form der Sklaverei‹: Unicef prangert sexuelle Ausbeutung von Kindern an«, in *Die Welt*, 22.8.1996. S. 2.
[88] http://www.polizei-beratung.de/themen-und-tipps/sexualdelikte/sextourismus/fakten.html.
[89] »Dortmund: Kirche hilft Prostituierten«, www.idea.de, 5.3.2011.
[90] http://www.anti-kinderporno.de/seite/Kinder_auf_dem_Strich.php; zu Schauer: *Kinder auf dem Strich. Bericht von der deutschtschechischen Grenze*, 2003. Vgl. auch Schauer: »Jeder holt sich, was er will: Sexuelle Ausbeutung von Frauen und Kindern in der tschechischen Grenzregion«, in: Sapper/Weichsel/Huterer: *Mythos Europa*, S. 235–244.
[91] Wole Soyinka: »Kulturelle Ansprüche und globale Rechte«, in: *Versprochen – Verletzt – Gefordert: 50 Jahre Allgemeine Erklärung der Menschenrechte.* Forum Menschenrechte Materialien, Bd. 12. Bonn: Forum Menschenrechte, 1998, S. 45–58, hier S. 45–46.

[92] Florian Klenk: »Nackte Gewalt«, in *Die Zeit*, 28.9.2006, http://zeus.zeit.de/text/2006/40/Prostitution.
[93] Ebd.
[94] Kreutzer/Milborn: *Ware Frau*, S. 9, 45, 48.
[95] Ebd. S. 51.
[96] Ebd. S. 52.
[97] Ebd. S. 155.
[98] Ebd. S. 48.
[99] Siehe die Auflistung von Fällen 1991–2009 bei Cacho: *Sklaverei. Im Inneren des Milliardengeschäfts Menschenhandel*, 2011, S. 209–210.
[100] Am ausführlichsten belegt bei Drinck/Gross (Hg.): *Erzwungene Prostitution in Kriegs- und Friedenszeiten*, 2006.
[101] http://www.ngo-online.de/lexikon/a-z/un-friedenstruppen-blauhelme.
[102] Als Beispiel siehe Julia O'Conell Davidson: »Männer, Mittler, Migranten«, in: Sapper/Weichsel/Huterer: *Mythos Europa*, S. 7–20.
[103] Als Beispiel siehe Cacho: *Sklaverei*, S. 309 ff. und sehr deutlich Jeffreys: *The Industrial Vagina*, 2009.
[104] Webseiten siehe im Literaturverzeichnis.
[105] Siehe etwa *Emma*, Winter 2011, darin besonders Chantal Louis: »Prostitution: Innenminister schlagen Alarm«, S. 48–49, sowie http://www.emma.de/kampagnen/prostitution/.
[106] Sapper/Weichsel/Huterer: *Mythos Europa*, S. 5.
[107] Z. B. http://freierjournal.com; http://freiercafe.com/forum.php.
[108] Malka Marcovich: »Der Frauenhandel in der Welt«, in: Ockrent (Hg.): *Das Schwarzbuch zur Lage der Frau*, 2007, S. 345–377.
[109] Ebd., S. 354.
[110] Kara: *Trafficking*, S. 33.
[111] Nach Julia Doxat-Purser: *Tolerating Prostitution? EEA Public Policy Considerations*. Brüssel: Europäische Evangelische Allianz, 2009, http://www.europeanea.org/documents/Tolerating_Prostitution_-_June_09_Final.pdf.
[112] Alles nach Veronica Monk: »Hamburg – mehr als die Reeperbahn«, in: Sapper/Weichsel/Huterer: *Mythos Europa*, 2006. S. 255–259.
[113] André Anwar: »Prostitutionsverbot in Schweden: ›Glückliche Huren gibt es nicht‹«, *Spiegel Online*, 11.11.2007, http://www.spiegel.de/politik/ausland/0,1518,515779,00.html.

Siehe auch Marcovich, »Frauenhandel«, S. 373–376 und http://en.wikipedia.org/wiki/Prostitution_in_Sweden.

[114] Ebd.

[115] KOK – Bundesweiter Koordinierungskreis gegen Frauenhandel und Gewalt an Frauen im Migrationsprozess e. V.: *Bericht der Bundesregierung zu den Auswirkungen des Prostitutionsgesetzes – Anmerkungen und Empfehlungen für den KOK und seine Mitgliedsorganisationen.* Berlin: KOK, 2008, S. 7, http://www.kok-buero.de/data/Medien/AuswirkungenProstGHowe01.07.08.pdf.

[116] Kreutzer/Milborn: *Ware Frau*, S. 214.

[117] Ebd., S. 59.

[118] Ebd., S. 75.

[119] http://www.ecpat.de/index.php?id=114.

[120] http://frauenwerk.org/netzwerk/pages/was-kann-ich-tun/boykottieren.php.

[121] http://www.diakonie.de/woran-man-zwangsprostituierte-erkennt-2168.htm.

[122] http://verantwortlicherfreier.ch/de/erkennen.html.

[123] Follmar-Otto/Rabe: *Menschenhandel*, S. 28.

[124] frauenwerk.org/netzwerk/modules/download_gallery/dlc.php?file=10.

[125] http://www.diakonie-heilbronn.de/_rubric_frauen/index.php?rubric=mitternacht_menschenhandel. Information für Betroffene in 13 Sprachen ebd. unter: http://www.diakonie-heilbronn.de/_rubric_frauen/index.php?rubric=mitternacht_menschenhandel.

Thomas Schirrmacher

Rassismus
Alte Vorurteile und neue Erkenntnisse

Taschenbuch, 12 x 19 cm, 128 S.
Nr. 394.999
ISBN 978-3-7751-4999-0

Der Rassismus übt bis heute Gewalt aus – von der Sklaverei über den Nationalsozialismus, Südafrikas Apartheid und den Völkermord in Ruanda und Bosnien. Ein Experte schreibt über Entstehung, Geschichte und Gegenwart des Rassismus.

Bitte fragen Sie in Ihrer Buchhandlung nach diesem Buch!
Oder schreiben Sie an: SCM Hänssler, D-71087 Holzgerlingen;
E-Mail: info@scm-haenssler.de; Internet: www.scm-haenssler.de

FASZINATION BIBEL

Das Buch der Bücher lieben lernen

Jetzt die faszinierende Wirklichkeit von Gottes Wort neu entdecken!

- **Faszinierendes Wissen**
  von archäologischen Entdeckungen bis zum jüdischen Alltag oder der Lebenswelt der ersten Gemeinden

- **Persönliche Erfahrungen**
  die lebendige Wirklichkeit von Gottes Wort verstehen lernen durch persönliche Berichte und erlebte Wahrheit

- **Wege in die Bibel**
  einen eigenen Zugang finden in die Welt der Bibel und ihre Relevanz für heute neu verstehen und anwenden mit Gott zu leben.

4 Ausgaben/Jahr, € 19,80
zzgl. € 3,80 Versand

Faszination Bibel erscheint 4 mal im Jahr. Ein Abonnement erhalten Sie in Ihrer Buchhandlung oder unter

www.bvzeitschriften.net
Tel. 02302 93093-910
Fax 02302 93093-689

Kostenlos testen unter:

SCM Bundes-Verlag

www.faszination-bibel.de